초전략

1등 마케터의 강력한 무기 15개

초전략

초판 1쇄 인쇄   2021년 1월 26일
초판 1쇄 발행   2021년 2월 5일

지은이 추성엽
펴낸이 하인숙

기획총괄 김현종
책임편집 김혜영
디자인   Design IF 정희정

펴낸곳 ㈜더블북코리아
출판등록 2009년 4월 13일 제2009-000020호
주소 서울시 양천구 목동서로 77 현대월드타워 1713호
전화 02-2061-0765   팩스 02-2061-0766
포스트 post.naver.com/doublebook
페이스북 www.facebook.com/doublebook1
이메일 doublebook@naver.com

ⓒ 추성엽, 2021
ISBN 979-11-91194-05-0 (03320)

1등 마케터의 강력한 무기 15개

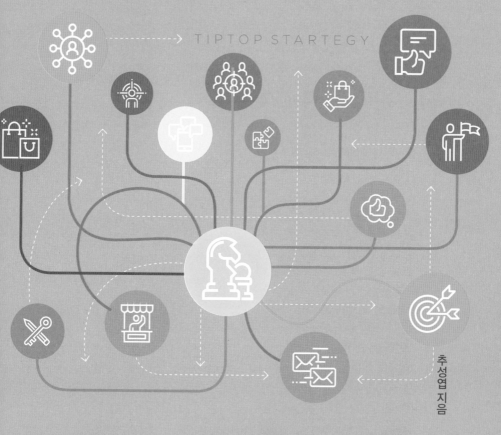

TIPTOP STARTEGY

추성엽 지음

초전략

더블북

Part 3 마케팅 전략의 실행

Part 1
전략적 인프라 구축

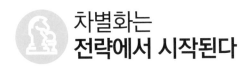

차별화는
전략에서 시작된다

오래 전, 마케팅 책을 출간할 당시에 '신제품 전략' 실제 사례를 넣은 적이 있다. 15페이지 정도의 신제품 기획서로 블루오션 콘셉트의 '벽걸이 세탁기'였다. 세탁기 시장에서 '무無에서 유有'를 만들자는 전략이었다. 옷감 재질이며 옷 종류는 다양해졌는데도 세탁기는 여전히 용량에 따라 구분되고 있었다. 살림을 하는 사람들은 유아복이나 속옷을 다른 빨랫감과 함께 세탁하는 것에 대해 문제를 느끼고 있었다. 속옷을 매일같이 손빨래를 하는 사람도 있었지만 극히 소수에 불과했다.

빨래 주기에서도 신제품 기회를 엿볼 수 있었다. 일반적으로 주부들은 빨랫감을 모아서 1주일에 1~2회 정도로 세탁을 한다. 문제는 세탁 시점에서 이미 며칠 전에 벗어 놓은 속옷과 겉옷을 함께 빨아야 한다는 사실이었다. 소비자들을 이를 비위생적이라고 생각했다. 그렇다고 10킬로그램 이상의 대형 세탁기를 매일 돌리자니 시간과 전기를 낭비하는 꼴이었다.

이러한 문제를 한 번에 해결할 수 있고, 유독 자리를 많이 차지하는 세탁기의 고질적 문제를 개선하자는 전략으로 벽걸이형 타입 콘셉트의 세탁기를 기획했고 실용실안 특허도 출원했다.

책이 출간된 이후, 대우일렉트로닉스 CEO에게 책을 전달했다. 이윽고 세탁기 담당 상무와 만나 신제품 개발을 시작했다. 이렇게 출시된 제품이 대우일렉트로닉스의 벽걸이세탁기 '미니Mini'라는 브랜드다. 세계 최초로 '무에서 유를 창조한 블루오션 세탁기'가 시장에 출시된 것이다.

최근 시장은 대부분 포화 상태에 도달했다. 하지만 매의 눈초리로 시장을 예리하게 주시하면 신제품 기회를 얼마든지 찾을 수 있다. 최근에 세계 최초로 블루오션 콘셉트를 개척한 LG전자의 '스타일러'가 그렇다. 그 후, 삼성전자가 미투 제품인 '에어드레서'를 출시하면서 시장이 급격하게 커나가고 있다. 조만간 신혼살림의 필수품으로 자리잡을 전망으로 무엇보다 탁월한 마케팅 전략이 주요했다.

그렇다면 제로섬 게임이 치열하게 전개되고 있는 레드오션 시장에서도 히트 상품 기회를 찾을 수 있을까? 국내에서 브랜드 전환이 가장 어렵다는 카테고리가 치약이다. 자신의 입맛에 맞으면 쉽게 브랜드를 바꾸지 않기 때문이다. 하지만 이러한 악조건에서 '2080치약'이

탄생했다. LG생활건강을 비롯해 기라성 같은 다국적 기업과 제약사 등의 수십 개 브랜드를 제압했다. 그럴 수 있었던 이유는 경쟁 제품과의 차별화 전략이었다.

지금부터 레드오션 시장에서 차별화된 전략으로 신제품 출시를 시도하고자 한다. 이미 10여 개의 브랜드가 치열하게 경합하고 있는 국내 '숙취해소 음료' 시장에서의 신제품 마케팅 전략이다.

왜
'숙취해소 음료'일까?

밤이면 밤마다 술에 취하는 대한민국. 술과 관련된 사건과 사고가 끊이지 않는다. OECD와 보건복지가족부의 통계를 살펴보면 한국인의 음주 성적표를 금방 확인할 수 있다. OECD에 따르면 대한민국의 국민 1인당 알코올 소비량은 9.1리터로 OECD 국가들의 평균 소비량인 9리터를 다소 웃도는 것으로 조사됐다. 국민 한 명이 1년 동안 마시는 알코올 도수 20도 이상 증류주는 평균 4.5리터다. 병으로 따지면 1년에 소주 13병씩을 마시는 것이다.

대한민국 월간 음주율은 62.1퍼센트를 기록했다. 이것은 청소년과 여성인구의 음주량 증가 및 음주에 대한 관대한 문화에서 기인한 것으로 음주로 인한 사회경제적 손실은 엄청나다. 생산성의 감소나 의료비 지출, 사고 피해 등으로 연간 10조 원에 육박하는 것으로 나타났고, 음주로 인한 질병 치료에 들어가는 비용이 연간 2조8천억 원 수준이다. 스트레스를 풀기 위해 시작된 음주가 국가적인 스트레스를 초래하고 있다.

통계청에 의하면 알코올 관련 사망자수는 5,000명 수준으로 1일 평균 13명꼴로 사망했다. 연령별 인구 10만 명당 알코올로 인한 사망자는 30대부터 급증해 50대에 가장 많았다. 검찰청 '검찰 송치 구속자 범죄별 음주현황 보고서'에 의하면 현행범 중에서 음주자 비율은 43.5퍼센트나 되고, 특히 교통사고 특례법은 64.5퍼센트, 살인범은 63.2퍼센트가 음주자였던 것으로 나타났다. 가정폭력의 경우 술을 많이 마시는 남편이 술을 마시지 않는 남편보다 3배 이상 높다. 또한 음주로 인해 생산성이 저하되고 산업재해의 위험이 증가한다. 음주 횟수가 증가할수록 결근 횟수 및 일수가 증가하며 질환보다는 사고로 인한 결근도 증가하고 있다.

술 취한 대한민국은 어제 오늘의 이야기는 아니다. 술을 자주 마시고 술에 취하는 모든 것이 나쁘다는 것은 아니다. 개인 생활과 사회 경제적 손실을 초래하는 과음의 문제를 경계해야 한다. 한국인들은 사회적 모임이나 사적인 모임에 술이 빠지는 경우가 거의 없다. 독일인의 모임에 맥주가 늘 함께하는 것이나 프랑스인이 와인을 항상 즐기는 것과 같다. 다만 술에 대한 인식과 문화 차이가 있다.

한국인들은 술이 함께하는 모임에서 취하지 않고 헤어지는 경우가 익숙하지 않다. 취할 때까지 마시다가 2차 이상 가는 경우가 많다. 미국 등 서구권에서는 서로 잔을 권하거나 2차를 가는 경우가 거의 없다. 자신이 마시고 싶은 양만큼만 마시고 비틀거릴 정도로 마시는 사람도 그다지 많지 않다. 술값도 각자 계산하는 것에 익숙하다. 한국인처럼 술잔을 돌리지도 강요하듯 술을 권하지도 않는다. 한국인들은 권하는 술잔을 거부하지 못하는 분위기고, 술값을 각자 내는 경우는 거의 찾아보기 어렵다.

여기까지가 '왜 숙취해소 음료일까?'에 대한 공부다. 소비자 마음을 움직이는 전략을 짜기 위해서는 문화에 대한 공부와 이해가 바탕이 돼야 한다.

숙취해소 음료 시장 해부하기

국내 숙취해소 음료 시장의 경쟁 구도는 매우 타이트하다. 시장을 선도하는 1등 사업자와 도전자, 팔로워, 틈새시장에서의 니처를 비롯해 수많은 군소업체 브랜드들의 경쟁이 치열하게 전개되고 있다.

이러한 제로섬 시장에서 신제품을 출시하자는 취지는 너무도 명백하다. 첫째는 잠재 시장 공략을 통한 매출 확대를 노리자는 전략, 둘째는 대한민국은 술로 인한 경제적 손실이 10조 원에 육박하고, 과도한 음주로 사회적인 문제가 일어나는 상황에서 신제품 개발을 통한 기업의 사회적 책임을 다하자는 취지다. 즉 수익과 공익이라는 두 마리 토끼를 일시에 잡겠다는 전략이다.

숙취해소 음료 시장을 자세히 들여다보면 재미있는 사실이 많다. 국내 마케팅 선도기업인 CJ제일제당이 '컨디션'이라는 브랜드로 시장을 이끌고 있다. 1992년 처음으로 진입한 이후 첫 해 17억 원이던 매출액이 이듬해에 유사제품 등장으로 300억 원대로 성장하자 식품업체뿐만 아니라 제약과 주류업계까지 신제품을 선보였다.

CJ가 지금까지도 1위를 계속 유지할 수 있었던 원동력은 시장에 '최초로 진입한 원조효과'와 '지속적인 혁신' 때문이다. 이들은 성분 강화를 통해 '컨디션F', '컨디션ADH', '컨디션 파워', '헛개 컨디션 파워' 등으로 리뉴얼을 계속해왔다. 업계가 인정하듯 CJ제일제당의 마케팅력은 막강하다. 이들은 숙취해소 음료 시장에서도 블루오션 시장을 개척한 것이다.

재미있는 일화가 있다. 국내 마케팅을 대표하는 CJ제일제당이 라면 시장에 진입하지 않는 이유를 알고 있는가? 농심에게 밀가루를 납품하고 있기 때문이라고 한다. 라면 시장에서 점유율의 과반수를 차지하고 있는 농심에게 밀가루를 공급하는 것이 훨씬 경제적이라는 판단에서다.

CJ제일제당의 마케팅력은 정평이 나 있다. 숙취해소 음료 시장은 CJ의 '컨디션' 뒤를 이어 '여명808' '모닝케어' 등의 브랜드들이 치열

숙취해소 음료 주요 브랜드 현황

브랜드	컨디션	여명808	모닝케어	레디큐
제조사	CJ제일제당	그래미	동아제약	한독제약
용량	100ml	140ml	140ml	100ml
용기	병	캔	병	캔
제품유형	혼합음료	액상차	혼합음료	과채음료
가격	4,500	5,500	4,500	4,500
주요 콘셉트(USP)	100%국산 헛개나무 열매 함유	숙취해소용 천연차 국제발명 특허품	아침을 상쾌하게 미배아 발효 추출액	맛있는 숙취해소 흡수가 잘되는 커큐민
주요광고	공중파 外	케이블 외	공중파/라디오	약국

하게 경합하고 있다

그런데 국내 음료업종의 리더는 CJ가 아닌 '롯데칠성음료'이다. 이들은 2조5천억 원 규모의 독보적인 매출로 2~3위 업체에 상당히 앞서 있다. 이들은 숙취해소 음료 시장에 2019년末 '깨수깡'이라는 브랜드로 진입했다. CJ에 비해 무려 28년이나 늦었다. 신제품 개발에서 블루오션 콘셉트보다 안정적인 미투 전략을 선호하는 롯데칠성의 특성을 엿볼 수 있는 대목이다.

롯데는 20~30대 소비자 대상으로 실시한 조사에서 숙취해소 효능과 탄산의 시원함을 동시에 느낄 수 있는 콘셉트를 발굴했다. 경쟁제품과 달리 주원료도 해조류와 식물 복합 추출물로 특허를 출원했다. 그리고 '술 깨셨습니까'라는 제주도의 방언 '술 깨수꽈'에서 유추한 네이밍으로 소비자들의 호기심을 자극하고 있다. 디자인도 감귤을 들고 있는 돌하르방과 제주방언을 삽입해 제품의 특성을 직관적으로 유도하며 160밀리리터 캔으로 출시해 차별화를 시도했다.

지금은 TV 광고는 물론 온라인 등에서 대대적인 마케팅 활동을 전개하고 있다. 후발로 진입한 롯데의 강점은 전국적인 영업망이다. 편의점을 시작으로 백화점과 할인점, 슈퍼 등에서 막강한 힘을 보유하고 있다.

드링크 타입의 국내 숙취해소 음료 시장은 2020년을 기준으로 2,000억 원 규모의 시장을 형성하고 있다. 물량으로는 연간 5천만 병 규모로 '컨디션'과 '여명808', '모닝케어'가 3강 구도를 형성한 가운데 제약사나 군소 브랜드들이 난립한 시장이다. 소비자 가격 기준으로 4,000원선에 판매되고 있고, 이익률은 50퍼센트를 상회할 것으로 추정된다. 특이할 점으로는 편의점 판매 비중이 전체 84퍼센트 이상으로 '2+1' 프로모션이 상시적으로 운영되고 있다는 점이다. 시장점유율에서 '컨디션'이 44퍼센트, '여명808'이 32퍼센트, '모닝케어'가 11퍼센트 수준으로 추정되고 '상쾌환' 같이 약국에서 판매되는 제품의 시장점유율은 추정이 어렵다.

제품의 소비자 침투율은 20퍼센트 미만으로 시장 확대가 예상되는 카테고리다. 소비자 조사결과에 따르면 음주 전후에 숙취해소 음료를 먹는 사람이 55퍼센트 수준이고, 제품의 성분이나 효과에 대한 기능성의 신뢰도는 낮았지만 심리적으로 안심 효과가 높은 제품군으로 나타났다. 다시 말해 고기능성 제품임에도 직접적으로 효과가 있다고 응답한 사람은 25퍼센트 수준에 불과했고, 효과가 있는지 모르겠지만 '안 먹는 것보다는 낫다'고 응답한 사람이 무려 66.4퍼센트 수준에 달했다. 이것은 감성 마케팅의 중요성을 암시해주는 중요한 지표다.

숙취해소 음료의 주요 구매요인으로는 맛(77.0퍼센트)과 가격(60.2퍼센트), 브랜드(50퍼센트) 순으로 나타났고 구매하던 제품을 바꾸게 된다면 그 이유로 '효과가 좋다는 소문을 87퍼센트'로 꼽았다.

마케팅은 제품이 아닌 콘셉트를 파는 것

숙취해소 음료는 전형적인 레드오션 시장이다. 치열한 가격 경쟁과 '2+1' 프로모션으로 제로섬 게임이 무자비하게 전개되고 있다. 이러한 시장에서 신제품의 시장기회가 존재할까? 정신만 똑바로 차리면 된다. 신제품을 출시해 숙취해소 음료를 파는 것이 아니라 술 문화를 개선할 수 있는 캠페인을 대대적으로 전개하면서 제품의 이미지는 끼워서 팔자는 전략이다. 기존의 음료업체에서 시도하지 않은 파격적인 전략으로 충분히 승산이 있다. 우선 숙취해소 음료 시장에서 3가지 긍정적인 팩트에 주목해야 한다.

첫째는 잠재적인 시장 기회다. 주류 판매 시장은 2퍼센트 내외로 성장하고 있고, 숙취해소 음료도 미미하지만 3퍼센트 내외로 성장해

오고 있다. 소비자 침투율도 20퍼센트 미만으로 추정되므로 잠재시장 기회도 내포하고 있다. 이러한 원인이 발생하는 근본적인 이유는 술을 조금만 마셔도 숙취해소 음료를 찾는 젊은층의 소비가 늘어나고 있기 때문이다.

둘째는 소비자들이 제품의 기능성에서 큰 차이를 느끼지 못하는 카테고리다. 제품 품질이나 속성은 고기능성이지만 아이러니컬하게도 숙취해소 음용자의 66퍼센트가 '실제로 효과가 있는지 모르겠지만 안 먹는 것보다 낫다'는 반응을 보였다. 이 말의 의미는 음료업에 수십 년간 종사해온 기업이라면 숙취해소 기능을 가진 원료를 개발할 수 있는 R&D역량을 충분히 보유했다는 사실이다.

셋째는 소비자들은 숙취해소 음료의 맛에서 응답자의 81퍼센트가 강한 거부감을 가지고 있다. 따라서 마케터는 맛에 대한 거부감을 최소화하는 방향으로 콘셉트를 기획하고 R&D를 리드해나가면 된다. 특히 방법론에서 감성 마케팅과 바이럴 마케팅Viral marketing이 충분히 먹힐 수 있는 카테고리라는 점도 많은 시사점을 내포하고 있다.

숙취해소 음료를 공략하기 위해 이 책에서 말하는 콘셉트로 마케팅 전략을 수립해 실제로 국내 최고의 식품기업 CEO를 만난 적이 있다. CJ제일제당의 라이벌로 매출액이 3조 원대를 육박하는 기업이다. 지인의 도움으로 아침 일찍 CEO를 만났다. 마케팅 담당 상무와 기획조성실장, R&D 연수소장이 함께 한 자리에서 프레젠테이션을 성공적으로 마쳤다. 그때 CEO의 입에서 나온 첫마디가 가관이었다.

"나는 숙취해소를 위한 특별한 원료를 개발해서 찾아온 줄 알았다."

CEO의 첫 마디는 대단히 중요하다. 그가 어떠한 멘트를 날리느냐에 따라 회의 참석자들의 반응도 달라지기 때문이다. 마케팅 임원도 당연히 부정적 시그널을 보냈고, 기획조정실장과 R&D 연구소장은 침묵했다. 이들은 마케팅으로의 접근은 애초부터 시도조차 하지 않았다. R&D적 시각에서 제품 중심으로 시장을 관망하는 자세가 너무도 안타까웠다. 사업이 진척될 리 만무했다. 그렇게 끝이 나고 말았다.

그러나 나는 지금도 확신한다. 여기서 제시하는 전략으로 마케팅을 진행하면 숙취해소 음료 시장은 얼마든지 공략이 가능하다. 마케팅에서는 강력한 한방이 있어야 한다. 그것이 제품의 품질이든 아니면 프로모션 방법이든, 기발한 콘셉트이든 경쟁사와의 확실히 차별화된 전략이 필요하다. 지금부터 실행 전략을 본격적으로 전개하려 한다.

탈무드에서 술에 대해 이렇게 나온다.
'악마가 가정을 방문하기 바쁠 때는 그 대리인으로서 술을 보낸다.'

이 말을 신제품의 디자인에 전면으로 내세우자는 전략이 첫 번째 차별화다. 술에 대해 부정적으로 나오는 유태인들의 혜안이 돋보이는 명언으로 누구나 한번 들으면 쉽게 잊히지 않는 마력이 있다. 제품의 용기에 삽입된 문안을 상상해보라. 제품을 마실 때마다 술에 취하면 안 된다는 생각이 번쩍번쩍 들 것이다. 갑론을박도 예상되지만 '실'보다 '득'이 많은 획기적 전략이다.

두 번째 차별화 전략이 신제품의 네이밍이다. 기존 제품과 달리 숫자에서 도출한 네이밍인 '911'로 설계하자는 네이밍 전략이다. '9시까지, 1가지 술로, 1차에서 끝내다'는 말에서 시작한 네이밍이다. 911은 미국의 화재나 범죄, 테러 등을 처리하는 전화번호로도 유명하다. 대부분 인식하고 있는 '911'의 의미를 브랜드로 차용하자는 전략으로 한번 들으면 누구나 쉽게 기억할 수 있는 매력적인 브랜드다.

세 번째, 경쟁사를 긴장시킬 수 있는 차별화 전략이 '대대적인 캠페인 마케팅'의 전개다. 음주로 인한 경제적 손실이 10조 원에 달한다. 음주와 관련된 공공기관은 경찰청과 보건복지부가 있다. 이들과 적극적으로 손을 잡아야 한다.

B2G Business to Government 전략의 일환으로 음주문화를 개선할 수 있는 캠페인을 대대적으로 함께 전개하면서 'Sponsered by 911'처럼 CSR Corporate Social Responsibility 마케팅으로 접근하는 것이다. 캠페인명도 브랜드명에서 도출한 '911 캠페인'이다.

최근에 롯데에서 출시한 '깨수깡'은 TV에 수십억 원의 광고비를 집행하고 있다. 하지만 지금은 TV광고 시대는 끝났다. 금액이 막대하게 소요될 뿐만 아니라 효율성 차원에서도 물량공세로는 고객을 설득시킬 수 없다. 정부기관과의 공동 캠페인으로 마케팅 예산을 집중하면 경찰청과 보건복지부를 설득하기에 충분하다. 캠페인 타이틀 '악마가 가정을 바쁠 때에는 그 대리인으로 술을 보낸다. OO 911'로 승부하자는 것이다.

네 번째는 가격이다. 가격에서도 차별화할 수 있는 여력이 존재한다. 가격에 상당한 거품이 끼어있을 것으로 추정된다. 가격은 제품이 지닌 편익과 서비스의 총체적 가치다. 저관여 상품으로 히트한 상품들은 나름대로 이성적인 가격을 취했다. 합리적인 가격을 수립하기 위해서는 제품의 제조원가나 시장진입 순서 그리고 경쟁사의 가격을 종합적으로 고려해야 한다.

다섯 번째의 차별화 전략은 '9시에 마시는 숙취해소 음료'를 콘셉트로 포지셔닝 해야 한다. 경쟁사 브랜드들은 마시는 시점에서 콘셉트와 포지셔닝이 손에 잘 잡히지 않는다. 술을 먹기 전에 마시라는 건지, 술을 마시는 중에 마시라는 건지 또는 술을 먹은 다음날 아침에 마시라는 건지도 불명확하다. 이를 단방에 해소할 수 있는 포지셔닝이 술자리를 끝내라는 '9'라는 네이밍과 연계된 키워드로 소비자들의 인식을 집중적으로 공략하자. 마케팅은 제품이 아닌 콘셉트를 파는 것이다.

프로모션 전략을 추진할 때
반드시 지켜야 할 3가지 원칙

신입사원 시절에 신제품이 출시될 때마다 TV 광고를 진행하고 싶었지만 사업부장은 선택적으로 집행했다. 그때는 사업부장이 꽤나 소심하다고 생각했지만 내가 어리석었다. 투자에 따른 미래가치와 위험을 고려하면서 TV 광고는 선택적으로 집행돼야 한다. TV 매체는 수억 원에서 많게는 수백억 원까지 돈이 들어간다.

다양한 IMCIntergrated marketing communication 활동들 중에서 전체 예산의 과반 이상을 차지하는 TV 광고는 절대적이다. 하지만 시대가 완전히 바뀌었다. 스마트폰 시대에 TV 광고 효과는 도마에 올랐다. TV 매체에 쏟아 붓고 있는 롯데의 '깨수깡' 전략에는 분명 한계가 있다. 그렇다면 '911'은 TV 광고를 포기하고 나만의 차별화된 IMC 전략을 구사해 나아갈 것이다. IMC 전략이란 모든 커뮤니케이션 수단을 통합, 키메시지를 한 방향으로 쏘는 것을 말한다.

프로모션 전략은 크게 커뮤니케이션과 판매촉진Sales promotion으로 구분된다. 커뮤니케이션은 고객과 직·간접으로 접촉하는 광고홍보다. 판촉은 고객에게 특별한 혜택이나 이벤트 등을 개최함으로써 '911'의 판매를 촉진하는 것이다. 이것은 풀Pull과 푸시Push 전략과도 긴밀한 관계가 있다. 풀 전략은 소비자가 제품을 매장에서 직접 찾게 만드는 TV, 라디오, 신문, 온라인 같은 ATL Above the Line을 말한다. 푸시 전략은 유통 경로 구성원이나 고객들을 대상으로 진행되는 판촉 활동으로 대리점이나 도소매상에 입점을 강화하기 위해 제공되는 인센티브나 소비자현상, 전시회 등과 같은 BTL Below the Line을 의미한다.

단언컨대, 콘텐츠가 20퍼센트라면 커뮤니케이션이 80퍼센트다. 그만큼 커뮤니케이션이 핵심이라는 말이다. 성공적인 커뮤니케이션은 IMC 기조를 유지해야만 한다. 모든 매체에서 '911'이라는 키워드를 다차원적으로 커뮤니케이션하는 것이다. 대부분 소비자들은 광고주가 의도한 것처럼 논리적으로 광고를 수용하지 않기 때문에 힘을 한곳으로 집결시킬 필요가 있다.

프로모션 전략을 추진할 때는 반드시 지켜야 할 원칙이 있다. 경쟁사와 철저하게 차별화시켜야 한다. 나만의 특별함으로 무장하고 콘텐츠를 육성하기 위해서는 첫째, 혁신적인 아이디어야 한다. 아이디어가 톡톡 튀어야지 고객들도 관심을 갖게 되고, 이를 스토리텔링으로 활성화시킬 수 있다. 남들과 다른 길을 가겠다는 마케터의 확고한 의지가 내포돼 있어야 한다.

둘째, 프로모션이 단발성으로 끝나지 않고 이를 시리즈로 연계시키는 전략이다. 대표적인 사례가 현대카드의 슈퍼 시리즈다. 이들은 각본에 따라 슈퍼 콘서트를 적재적시에 지속적으로 시행해오고 있다. 다른 회사의 휘발성 행사와 달리 시리즈물로 특별한 자산을 구축한 것이다.

셋째, 온라인 기반 디지털 마케팅이 승부처다. 인류가 불을 발견한 이래 최고의 걸작이라는 디지털은 시공을 초월해 모든 부분에서 파격적인 변화를 선도하고 있다. 스마트폰 활성화로 과거에는 상상할 수 없었던 일이 벌어지고 있다. 디지털은 선택이 아닌 필수다. 스마트폰은 마케팅원론을 처음부터 다시 써야 할 정도로 파격적이다. 지금부터 '911'의 성공적 시장진입을 위해 '911'에 특화된 4가지 프로모션 전략을 제시하고자 한다.

B2G 공동 캠페인으로 게임의 규칙을 지배할 것

마케팅 이슈는 저절로 만들어지는 것이 아니라 철저하게 각본에 따라 창출된다. 고객의 숨겨진 니즈를 발견하는 것이 아니라 차별화된 전략으로 시장을 창출하는 것이다. 이슈화시킬 수 있는 아이디어와 이슈화거리를 제대로 발굴하자는 것이다. 숙취해소 음료 디자인에 '악마가 가정을 방문하기 바쁠 때에는 그 대리인으로서 술을 보낸다'는 문구를 삽입하자는 아이디어는 파격이다. 이를 '911캠페인' 테마와 연계시켜야만 한다.

'911캠페인'은 핵심 고객인 '2040' 타깃에게 홍보 마케팅을 할 수 있는 기발한 수단이다. 이를 위해 경찰청이나 보건복지부와의 손을 잡는 것이다. 이슈메이커가 되려는 목적으로 CJ제일제당이나 롯데가 간과하고 있는 기업의 사회적 책임과 역할을 다하자는 CSR 관점에서 '911캠페인'으로 먼저 치고나가자는 전략이다. 그래야지 시장에서 게임의 규칙을 지배할 수 있다. 1, 2위를 달리고 있는 브랜드들은 기존의 판이 유지되기를 바랄 것이다. 하지만 '911'은 시장의 판을 깨야만 한다. 핵심 타깃인 2040 대학생부터 직장인을 대상으로 시장을 흔들면 기회는 열리기 마련이다.

소비자들은 광고 홍수 속에 살고 있다. 방금 전 무슨 광고를 봤는지 도무지 기억이 나질 않는다. 지난밤에도 TV를 시청한 사람이라면 수십 편의 광고를 봤겠지만 곰곰이 생각해봐도 서너 개 이상을 기억하기 힘들다. 설령 기억한다 할지라도 메시지를 말해 보라고 하면 거의 대답하지 못한다. 이것은 무엇을 의미하는가? TV 광고로는 더 이상 승산이 없다는 말이다. 이러한 이유에서 롯데의 '깨수깡'과 달리 '911'은 경찰청과 함께 음주문화를 개선할 수 있는 '초대형 911캠페인'에 집중하자는 것이다.

'911캠페인'은 다양한 업체들과의 공동 마케팅도 가능하다. 주류회사와도 '적과의 동침'도 진행할 수 있다. '꿩 먹고 알 먹고' '마당 쓸고 동전 줍고'처럼 상생하면 된다. '911' 캠페인을 통해 경찰청은 공공기관으로서 사명에 충실한 길이고, '911'을 출시한 기업은 CSR을 실천하는 모범적 사례다. 두 기관이 윈-윈 할 수 있는 명분은 차고 넘친다. B2G 모델로서 음주운전 단속이나 직장인들의 회식문화 개선, 대학축제 기간에 음주문화 개선 등을 시리즈물로 기획하고 '911' 스티커를 만들어 자동차에 부착해나갈 수도 있다.

모바일 쿠폰 전략으로 차별화할 것

판매촉진은 직접적으로 소비자들의 구매를 유도하기 위한 마케팅 전략이다. SP는 제로섬 시장에서 쟁탈전이 치열할 때 더욱 효과적이다. 광고보다 효과가 빠르고 투입비용에 대한 효과 측정이 가능하지만 경쟁사들의 모방이 쉽고, 판촉전이 과열될 경우에 기업의 수익구조가 악화될 수도 있다. 광고가 브랜드 이미지를 구축하는 데 목적이 있다면 SP는 실질적으로 매출을 올릴 수 있는 수단이다. SP가 각광받는 이유는 산업기술의 발달로 기업간 상품이나 서비스에 별 차이가 없어졌기 때문이다. 기업에서 주로 활용되고 있는 대표적인 SP 기법은 이벤트나 사은품, 샘플링, 쿠폰, 가격 할인 등이 있다.

'911'이라는 신제품의 침투율과 초기구매, 매출 활성화라는 미션을 동시에 달성할 수 있는 가장 효과적인 SP가 있다. 2040 타깃과 시대적 트렌드에도 부합되는 쿠폰 마케팅으로 경쟁사와 확실히 차별화하는 방법이다. 쿠폰은 제품의 구매동기를 강하게 유발한다. 소비자를 단기간에 자극할 수 있는 프로모션 기법 중 최고의 수단으로 특히, '911' 이라는 신제품을 '911 캠페인'과 함께 소비자들에게 널리 알리는데 딱이다. 나이가 많은 사람들보다 '2040'의 젊은층으로 교육 수준이 높고, 도시에 거주하는 사람들로 '911'이 추구하는 핵심 타깃과 매칭된다.

최근에는 디지털 문화의 대중화 및 정보통신의 발달에 따라 인터넷이나 모바일 쿠폰이 대세다. 카카오톡 쿠폰이 대표적인 수단이다. 종이나 프린트 방식과는 달리 전자 쿠폰은 보관상의 불편함이나 분실 위험을 방지할 수 있고 배송비도 없다. 모바일 쿠폰은 고객에게는 이동성을 제공해주고, 발급의 편리성이 있기 때문에 '911'에 매우 적합할 것이다. 나는 어설프게 '쿠폰 마케팅'을 진행하자는 말은 아니다. 다른 SP 수단들을 배제하고 카카오톡 모바일 쿠폰에 올인하자는 것이다. 이를 통해 SP에서도 게임의 규칙을 지배하는 전략이다. 신규 고객의 창출은 물론 채널 침투율도 크게 개선할 수 있다. 특히 '911'이라는 신제품 홍보와 매출이라는 두 마리 토끼를 한 번에 잡을 수 있다.

PPL 전략으로 시장을 리드할 것

대부분 마케터들은 TV 광고비를 확보하지 못하면 예산범위 안에서 잡지에 조금, 온라인에 조금, SP에도 조금씩 예산을 할당한다. 한정된 예산에서 최적 포트폴리오로 구현하려는 의도겠지만 우매한 전략이다. 커뮤니케이션 수단은 하나로 집중할수록 강력하다.

수많은 커뮤니케이션 기법들 중에서 '911'에 특화된 수단이 PPLProduct Placement이다. PPL이란 영화나 드라마 속에 소품으로 등장하는 상품을 일컫는 것으로 브랜드가 보이는 상품뿐만 아니라 이미지, 명칭 등을 노출시켜 시청자들에게 홍보하는 마케팅 기법을 말한다. 대표적인 간접광고의 일종이다. TV나 영화 속에서 특정기업의 제품이나 브랜드 등을 삽입해 소비자들의 잠재의식 속에 자연스럽게 노출해 상품의 이미지를 심고 갖고 싶다는 욕망을 불러일으키도록 만드는 것이다. 보다가 채널을 돌려버리면 그만인 상업광고에 비해 PPL은 시청자들에게 큰 저항감 없이 무의식적으로 제품 이미지를 심어줄 수 있는 장점이 있다.

커뮤니케이션 전략이 지향하는 목적지는 광고홍보 그 자체가 아니다. '911'이라는 브랜드 인지율을 끌어올려 매출을 올리는 데 초점이 맞춰져야 한다. 단순히 이미지를 개선하자는 광고는 구시대적 발상이다. 지금은 구체적인 상품으로 승부해야 한다. '911'의 경우 손에 잡히는 기발한 PPL 아이디어를 전면에 배치하고, 뜬구름 잡는 광고는 배제하자는 것이다.

굴지의 대기업들이 광고에서 '또 하나의 가족 삼성', '고객이 OK 할 때까지 SK', '함께 가는 친구, 롯데' 등을 외치고 있지만 고객들은 안다. 고객들은 똑똑해졌고, 그것들이 그저 그런 광고라는 사실을 말이다. 반대로 '911'이라는 진정성이 가미된 직관적 PPL은 충분히 먹힐 수 있다. 생각해보라. 숙취해소 음료인 '911'을 PPL 기법으로 프로모션 시킬 수 있는 아이디어가 얼마나 많겠는가? 드라마나 영화 속에 술 마시는 장면이 또 얼마나 많은가?

PPL이 영화나 드라마 제작사의 중요한 수입원이 되긴 하지만 과도한 남발은 오히려 드라마 질을 떨어뜨릴 수 있다는 비판도 있다. 그럼에도 '911' PPL을 적극적으로 추천하는 이유는 제품의 특성상 광고에 대한 거부감을 줄이면서 진정성 있게 다가설 수 있겠다는 확신 때문이다. 절주문화 캠페인을 대대적으로 전개하고 있는 '911'을 드라마나 영화 속에 자연스럽게 노출할 경우 시청자들은 분명 상업 광고와는 다르게 반응할 것이다.

PPL은 시청률에 따라 다르겠지만 방송에 노출된 브랜드는 돈으로 환산할 수 없는 인지도나 매출을 증진할 수 있다. PPL을 통해 매출이 증가된 사례는 너무도 많다. 마케터가 PPL을 수행하기에 앞서 가장 먼저 점검해야 할 사항이 있다면 그것은 자신이 담당하고 있는 상품 콘셉트와 제작하고자 하는 콘텐츠와의 적합성이다. 대중매체의 홍수 속에서 살고 있는 사람들은 싫든 좋든 자신도 모르는 사이에 수많은 PPL에 노출돼 있다. 이것을 싫어하면서도 정작 우리는 톱 모델이 인기드라마에서 사용한 상품을 선호한다. '911' PPL은 숙취해소 음료를 진정성 있게 노출시킬 수 있는 강력한 수단임이 틀림없다. '911' PPL을 통해 숙취해소 음료 시장에서 게임의 룰을 지배할 수 있다.

스마트폰 기반 디지털 마케팅에 올인할 것

코로나 사태 이후 격변의 시대를 맞고 있다. 14세기 페스트가 휩쓸고 지나간 자리에 인간성 회복 운동인 르네상스가 꽃을 피우면서 중세 암흑기가 막을 내렸던 것처럼 마케터라면 포스트 코로나 시대를 전략적으로 대비해야만 한다. 그중에서도 소비자들의 구매행동 변화를 읽어낼 수 있는 혜안이 필요하다. 소비자들은 대면 소비를 지양하고, 언택트 소비 성향은 더욱 지향할 것이다. 그 중심에 스마트폰이 있다. 디지털 환경에서 스마트폰에 기반을 둔 구매의사 결정은 더욱 가속화될 전망이다. 고객들의 온라인 이동동선에 맞게 길목 길목에서 맞춤형 마케팅이 선행돼야만 한다.

911의 프로모션 기획에서 디지털 마케팅 이슈는 약방의 감초다. 선택이 아닌 필수로 인류가 불을 발명한 이후의 최고 걸작이란 인터넷은 시공을 초월해 쇼핑 혁명의 중심에 서 있다. 손끝으로 모든 검색이 가능해진 정보투명성 시대를 맞아 디지털 마케팅은 이제 포스트 코로나 시대를 선도할 것이다. 그렇다면 911의 디지털마케팅 또는 온라인 마케팅은 어디서부터 어떻게 시작해야 할까? 많은 방법론과 접근법이 있겠지만 911의 디지털 마케팅의 전략 방향은 다음과 같이 제시할 수 있다. 여기서 명심할 점은 어설프게 파워 블로거나 인기 유튜버 등과 같은 인플루언서를 활용해 간접 마케팅을 전개하기보다는 진정성 있는 콘텐츠 제작에 집중해야 한다. 특히 앞에서 언급한 3가지 프로모션 전략을 스마트폰으로 어떻게 커뮤니케이션을 전개할지가 911 프로모션 성패를 좌우하는 결정적 요인으로 작용할 것이다.

- 브랜드 홈페이지를 운영할지에 대한 의사결정이다. 브랜드명과 일치한 도메인을 확보한 이후에 이를 오픈하여 운영했을 때의 실익을 따져 의사결정이 이루어져야 한다. 홈페이지를 대체해 말랑말랑한 블로그를 운영하는 것도 전략이다.
- 디지털 마케팅에서 검색 광고 또는 키워드 광고는 핵심적인 전략이다. 브랜드 911에 대한 키워드 선정은 기본이고 이와 유사한 키워드까지 선점해야만 한다.
- 동영상 광고물의 제작이다. 콘텐츠 마케팅에서 비주얼이나 기사 형태보다 동영상이 효과적이란 사실은 이미 검증되었다. 일반적으로 소비자들은 1분이 초과한 동영상을 잘 보지 않는 것으

로 나타났다. 1분 미안의 진정성이 가미된 911 브랜드 영상을 제작해 스마트폰 고객에게 다가서야 한다. 이를 유튜브나 SNS 에 효과적으로 활용하는 것은 기본이다.

- 911에 대한 페이스북, 인스타그램 등의 SNS 마케팅 채널에 대한 운영 여부를 결정해야 한다. 한 방향 시대가 끝나고 쌍방향 커뮤니케이션 시대가 왔다. SNS 채널을 운영했을 때의 실익을 냉정하게 따져 브랜드 마케팅을 본격적으로 전개해야만 한다.

브랜드를
전략화하라

브랜드 전략과 관련해 2가지 아쉬운 사례가 있다. 대한민국을 대표하는 재계 1, 2위 그룹 삼성과 현대차 사례이기에 몹시 씁쓸하다. 이렇게 싸워서는 선진 다국적 기업들을 결코 이길 수 없다. 관점에 따라 다른 의견이 있을 수 있지만 나는 실패한 사례로 지적하고 싶다. 그것은 바로 삼성(제일모직)의 아웃도어 브랜드 진출과 현대자동차의 프리미엄 자전거 시장 진입 네이밍 전략이다.

제일모직이 아웃도어 시장의 폭발적 성장세를 고민하면서 취한 전략이 '빈폴' 브랜드 확장Brand Extension이었다. 이들은 분명히 새로운 사업에 신규 브랜드로 진입하는 전략도 고민했을 것이다. 그럼에도 '빈폴아웃도어'라는 브랜드로 진입한 이유는 명백하다. 신규 브랜드에 투자되는 리스크를 차단하고 기존 브랜드 확장을 통해 안정적으로 시장을 진입하겠다는 포석이다.

하지만 소비자들의 입장에서는 기존에 쌓아둔 '빈폴' 브랜드의 정체성에 혼란을 야기했을 뿐만 아니라 '빈폴+아웃도어' 브랜드의 신선함에서도 식상했을 것이다. 무엇보다 제일모직 내부적으로도 매장에서 빈폴과 빈폴아웃도어 브랜드 간의 자기잠식도 심각했을 것이다. 미국에 이어 세계에서 2번째로 큰 아웃도어 강국이 된 대한민국! 분명 다른 브랜드로 공략했어야만 했다.

현대자동차가 프리미엄 자전거 시장에 'N'이라는 브랜드 출시를 단행했다. BMW가 'M'이라는 브랜드로 프리미엄 시장을 공략한 것을 벤치마킹한 네이밍으로 보이지만 전략적이지 못한 발상이다.

과거 '미원'이라는 1등 브랜드를 제압하기 위해 '미풍'을 인수했던 CJ 사례가 중첩되는 것은 왜일까? 가장 큰 실패 원인은 1등 네이밍인 '미원'과 유사한 심지어는 짝퉁과 같은 뉘앙스인 '미풍'이란 발음 때문이었다는 것이 전문가들의 공통된 지적이었다.

BMW는 브랜드명에 포함된 'M'에서 작명을 유도했을 것이다. 현대자동차 경우에는 엠블럼으로 내세우고 있는 'H'가 옳을지도 모른다. H는 발음이나 어감이 M에 비해 열세하지만 전략의 방향성은 옳다. 하지만 이러한 부분을 간과한 채 M과 유사한 N이란 알파벳으로 브랜드를 확정했다. 'N'은 BMW의 'M' 다음에 따라오는 알파벳이다. 로고의 디자인까지 유사하다는 게 언론의 지적이다.

브랜드 확장에는
함정이 있다

브랜드 확장이란 높은 브랜드 가치를 가진 기존 네이밍을 다른 제품군에 속하는 신제품에 사용하는 전략을 말한다. 브랜드 자산을 활용한 대표적인 네이밍 기법으로 기존의 브랜드에 대해 소비자들이 가지고 있는 인지도나 충성도, 연상 이미지 등의 브랜드 자산을 활용해 신제품 성공률을 높이기 위해 사용된다. 동일한 제품군 내에서 확장하는 라인 확장과 다른 제품군으로 확장하는 카테고리 확장이 있다. 라인 확장은 기존 제품을 개선한 신제품에 기존의 모母 브랜드를 확장해 사용하는 것으로 가격이나 핵심 타깃, 기술 수준에 따라 확대하는 수직적 확장이다. 주로 브랜드 수식어나 서브 브랜드를 이용한다. 카테고리 확장은 신규 제품 라인에 기존 라인의 브랜드를 사용하는 것으로 수평적 확장이라고도 한다.

브랜드 확장은 시장에서 브랜드가 노화, 식상하게 될 수 있는 현상을 방지하고, 신제품 출시에 따른 초기비용 및 신규 브랜드 개발비용, 광고비 등을 절감할 수 있을 뿐만 아니라 확장 제품이 소비자로부터 호의적인 평가를 받게 되면 기존 브랜드의 이미지를 강화해 기존 제품의 매출에도 기여할 수 있다는 점에서 활용된다. 반면에 브랜드 확장은 유사성이 떨어지는 제품군으로 무리하게 확장할 경우에는 기존 브랜드의 정체성을 약화시켜 시장에서의 경쟁력 상실은 물론, 결국 브랜드 자산의 손실을 가져올 수도 있다. 성공적인 브랜드 확장을 위해서는 기업의 내부적인 상황과 시장 변화, 소비자 특성 등을 고려한 네이밍 전략이 필수적이다.

브랜드 확장의 이점은 첫째, 기업의 기존 브랜드 강점을 활용하여 손쉽게 신규 시장에 진입할 수 있다. 모 브랜드의 강점과 긍정적인 이미지를 통해 소비자들이 신제품에 대해 지각하는 위험을 줄여줌으로써 소비자들의 신뢰감을 획득하고 반응을 유도할 수 있다. 대표적인 사례로 삼성전자의 갤럭시 시리즈를 예로 들 수 있다.

둘째, 신규 브랜드 런칭에 따른 막대한 초기비용을 상대적으로 절감할 수 있다. 신규 브랜드 런칭에 비해 브랜드 확장의 경우는 기존 브랜드의 높은 인지도에 따라 커뮤니케이션 비용을 크게 절감할 수 있다. 다국적 기업의 경우 '마케팅 자금이 확보되지 않은 상태에서 신규 시장 진입은 없다'라는 사고방식이 강하다. 그만큼 신제품을 출시할 때는 막대한 투자비가 발생한다는 의미다. 이러한 상황에서 기존 브랜드 확장을 이용할 경우 커뮤니케이션 비용을 크게 절감할 수 있다.

셋째, 새로운 브랜드를 개발하는 데 드는 시간과 비용을 피할 수 있다. 하나의 새로운 브랜드를 개발하는 작업은 매우 어려워서 많은 시간과 비용, 인적투자를 필요로 한다. 브랜드가 탄생하기까지는 소비자 라이프스타일 분석, 환경 분석, 소비자 리서치, 브랜드 콘셉트

개발, 브랜드네임 및 로고 개발, 패키지 개발 등 정교한 작업이 요구된다. 이는 내부 전문 인력의 인건비를 제외하고도 최소 수천만 원에서 수억의 비용과 6개월에서 1년 이상의 기간이 투자돼야 하는 만만치 않은 작업이다.

넷째, 포장 면에서 규모의 경제효과 및 전시효과를 노릴 수 있다. 동일한 브랜드가 여러 제품들에 유사하거나 동일한 포장을 적용할 경우 이러한 포장의 공유에서 오는 비용절감 효과를 무시할 수 없으며, 또한 슈퍼마켓에서 유사한 포장의 여러 제품들을 진열함으로써 오는 전시효과 역시 기대할 수 있다.

다섯째, 성공적인 브랜드 확장은 모母 브랜드의 브랜드 아이덴티티를 강화할 수 있다. 브랜드 확장이 성공했을 경우, 소비자들에게 모 브랜드에 대한 기존 연상을 강화시켜주거나 새로운 연상을 추가시킴으로써 모 브랜드 이미지를 강화시킬 수 있다. 또한 모 브랜드에게 참신성과 혁신성을 부여하고 변화 발전하는 브랜드라는 인식을 심어줌으로써 브랜드 재활성화 효과가 있을 수도 있다. 또한 모 브랜드의 커버리지가 넓어지면서, 특정 프리미엄 제품이나 혁신성이 높은 제품을 광고할 때 전체 해당 브랜드를 공유하는 제품군이 함께 긍정적인 효과를 거둘 수 있다.

그러나 브랜드 확장은 많은 위험요소도 동시에 안고 있다. 첫째,

브랜드 확장이 성공한다고 해도 모 브랜드의 이미지나 특정 제품군에서의 대표성이 희석될 수 있다. 채널에서 발생하는 자기잠식은 매우 심각한 이슈다. 둘째, 유통업체들은 브랜드 확장 제품을 선호하지 않는다. 할인점이나 대형슈퍼와 같은 대형마트 중심으로 유통업자들의 힘이 날로 증가되는 상황에서 유통업체들은 제품군마다 1, 2위 브랜드 중심으로 입점 품목을 제한해 가려는 트렌드를 보이고 있으며, 3위권 밖의 상대적으로 경쟁열세인 브랜드들에게는 OEM 방식의 PB_{Private Brand}를 요구하는 정책을 선호한다. 셋째, 잘못된 브랜드 확장은 소비자들에게 혼란을 야기함으로써 기존 브랜드의 아이덴티티 희석화를 초래할 수 있다. 넷째, 확장된 하나의 제품군에서 브랜드 리스크가 발생했을 경우에 모 브랜드에게 나쁜 영향을 미칠 수 있다. 즉, 품질관리에서 문제가 터졌을 때 모 브랜드에게 심각한 타격을 준다.

패밀리 브랜드 전략
2가지 유형

브랜드는 크게 4가지의 계층구조를 가지고 있다. 4가지 계층구조는 기업 브랜드_{Corporate Brand}, 패밀리 브랜드_{Family Brand}, 개별 브랜드_{Individual Brand}, 브랜드 수식어_{Brand Modifier}다. 이들이 전략적으로 조합해 브랜드 이름이 확정된다. 이러한 계층별 차이를 감안하지 않은 브랜드 의사결정으로 말미암아 심각한 실수를 범한 경우도 있다. 브랜드 계층구조를 이해하는 것은 올바른 네이밍 의사결정의 시작이다.

브랜드 위상에 따른 계층구조는 '기업 브랜드-패밀리 브랜드-개별 브랜드-브랜드 수식어'로 나뉘며, 이 계층 중에서 어떤 것을 중점적으로 커뮤니케이션 할 것인지, 어떻게 결합하여 사용할 것인지에 대한 전략이 선행해야 한다. 특히 여기서 주목할 전략이 패밀리 브랜드 전략이다. 한국 시장에서 남달리 먹히는 전략이기 때문이다.

마케팅 재원이 무한정이라면 패밀리 브랜드는 언급할 가치도 없을 것이다. 그러나 현실적으로 마케팅 재원은 한정돼 있고, 최적의 효율성을 기하기 위한 네이밍 전략이 패밀리 브랜드다.

패밀리 브랜드란 강력한 모 브랜드 하에 개별 브랜드를 운영함으로써 한정된 재원으로 전체 브랜드에 대한 후광효과를 창출하기 위한 브랜드 전략이다. 처음부터 모 브랜드를 개발해서 시장에 진입하는 방법과 특정 카테고리에서 강력한 브랜드 로열티를 가진 브랜드를 용도가 비슷한 영역으로 확장해 시너지를 극대화하기 위한 브랜드 전략이다.

패밀리 브랜드 전략은 크게 2가지 유형에서 탄생한다. 첫 번째는 단일 카테고리에서 특별하게 성공한 개별 브랜드를 콘셉트가 비슷한 다른 영역으로 확장하는 전략이다. '제일제당'으로 출발한 CJ는 이 전략으로 식품서비스 뿐만 아니라 바이오, 제약, 미디어, 물류, 영화, 홈쇼핑 등 '생활 문화기업'으로 독보적인 패밀리 브랜드를 구축했다.

두 번째 유형은 처음부터 시장에 진입할 때 특정 카테고리를 규정해 패밀리 브랜드를 출시하는 전략이다. 출시 단계부터 모브랜드 네이밍(심볼, 케릭터 등)을 개발한 후 전체 브랜드를 BI_{Brand Identity}에 일치시키면서 처음부터 끝까지 브랜드 일관성을 가져가는 것이다.

이 두 번째 유형의 가장 대표적인 사례가 대상의 '청정원'이다. 국내 식품부분에서 강력한 포지셔닝을 구축한 '청정원'은 런칭 당시부터 광고에 막대한 거금을 투하하면서 모 브랜드에 대한 이미지를 강화하는 한편 개별 브랜드 광고물에서도 특정품목을 선택해 광고를 공격적으로 집행, 브랜드 간의 시너지를 창출했다.

국내 자동차 시장에서 현대자동차가 그랜저, 소나타, 아반떼 등과 같이 개별 브랜드 전략을 취하고 있는 반면에 르노는 SM시리즈, 기아차는 K시리즈를 패밀리 브랜드로 운영하고 있다. 이렇게 운영되는 패밀리 브랜드 전략은 한정된 재원에서 효율성을 극대화하기 위한 전략으로 후광효과를 취할 수 있지만 하나의 브랜드가 손상될 경우 전체 브랜드에 부정적인 영향을 미칠 수 있다.

개별 브랜드 전략은 단독적으로 네이밍을 활용하면서 브랜드 파워 자체를 강화하는 것이다. 대부분의 소비재 용품에서 가장 보편적으로 활용하고 있는 전략으로 단독적으로 광고비를 투하할 수 있는 재원이 확보된 브랜드에 유효하다. 식품이나 생활용품, 가전, 제과 등에서 TV광고를 진행하고 있는 브랜드로 소비자 머릿속에 포지셔닝이 구축되면 강력하다.

회사 이름 자체를 상품이나 서비스 네이밍으로 활용하는 기업도 많다. 서비스나 패션, 의류, 산업재 전반에서 폭 넓게 활용되고 있는 전략으로 기업 브랜드에 의한 후광 효과가 워낙 뿌리깊이 정착이 돼 있는 우리나라에서는 제품 브랜드Product Brand보다 '어느 기업이 만들었냐'는 보증 효과에 무척 민감하다. 이러한 이유 때문에 우리나라 광고는 기업 브랜드의 노출이 많다. 특히 광고 엔딩 부분에 기업 브랜드를 삽입하는 전략을 많이 취하고 있다.

혼합 브랜드 전략도 있다. 개별 브랜드와 기업 브랜드를 적절하게 믹스하는 형태로 기업 브랜드명 자체가 좋은 이미지를 가질 때 유효하다. 삼성전자는 초기 '지펠'이나 '파브' 등의 개별 브랜드 전략을 운영하다가 최근에는 '삼성파브' '삼성지펠'과 같은 혼합 브랜드 전략으로 변경했다. 개별 브랜드에 투자되는 마케팅 비용의 절감과 삼성이라는 기업 브랜드의 파워를 활용하겠다는 포석이다.

대한민국에서는 특별한 브랜드 전략이 유효하다. 삼성이나 현대, LG, SK 같은 대기업 브랜드는 확장 범위가 무한대에 가깝다. 우리나라 문화가 비교적 관대하기 때문으로 외국에서는 찾아보기 힘들다. 우리나라는 '삼성'이나 'LG' 'SK'와 같은 재벌기업이 사업영역을 다른 카테고리로 확대해도 특별한 경우를 제외하고는 성공할 확률이 높다. 이를 입증하듯이 롯데그룹이 '하이마트'를 인수하고, SK가 '하이닉스'와 '동양매직'을 인수해 '롯데하이마트' 'SK하이닉스' 'SK매직'으로 사업다각화를 성공적으로 도모했다. 이것은 마케터에게 알려주는 바가 매우 크다. 넓은 의미에서는 기업 CI의 중요성을, 좁은 의미에서는 패밀리 브랜드의 성공 가능성을 보여주고 있다. 즉 패밀리 브랜드로 얼마든지 게임의 규칙을 지배할 수 있다는 것이다.

과학적으로
브랜드 네이밍을 설계할 것

인간은 언어라는 도구를 통해 기존에 존재하고 있던 모든 사물이나 또는 새롭게 고안한 유무형의 상품에 대해 특정한 이름을 부여해 커뮤니케이션을 한다. 네이밍이 그렇다. 브랜드가 무엇인지에 대해서는 이미 설명했고 잘 알고 있다. '고객과의 교환 행위를 수행하는 재화나 용역에 대한 호칭'으로 기업에서 제조, 판매하는 유·무형 상품에 대한 이름이다.

전략적인 브랜드 관리에서 네이밍이 중요한 이유는 브랜딩 자체를 구성하고 있는 이름이나 아이덴티티, 편익 등이 기업에서 수익의 근원이 되기 때문이다. 결함이 있는 제품은 원료나 형태를 수정하면 되지만 기업에서 한번 만들어진 이름은 쉽게 변경할 수 없다.

명동에 소재하고 있는 '명동교자'의 음식 맛은 국내보다 오히려 일본에서 더 유명하다. 실제로 주말에는 거의 자리가 없을 정도로 붐비며 고객의 약 50퍼센트 이상이 일본인들이다. 이들은 직원들에게 일본어 교육까지 한다. 180여 좌석을 갖춘 소기업형 음식점이다. 현재 이들은 서울 명동에 본점과 분점, 두 곳만 운영하고 있다.

하지만 이들이 음식점을 처음 개업할 당시에 '명동칼국수'로 상호를 정했다. 점점 유명세를 타자 전국에는 수천여 개의 '명동칼국수'가 체인점인양 간판을 내걸고 영업을 했다. 이들은 이를 타개할 목적으로 상호를 '명동교자'로 변경할 수밖에 없었다. 기존에 명동칼국수라는 상호의 메리트를 모두 포기한 것이다.

브랜드가 성공하기 위해서는 여러 가지 마케팅 조건들이 요구되는데 그중에서도 네이밍 자체는 매우 중요한 수단이지만 너무 쉽게 작명한 나머지 시장에서 상표로서 법적보호를 못 받아 막대한 손실을 초래하는 경우를 종종 목격할 수 있다. 브랜드 콘셉트를 무시한 채 무리한 브랜드 확장을 벌여 결국 모 브랜드까지 타격을 받는 어리석은 선택을 한다. 단기적인 성과에 급급해 빅브랜드 창출에 소요되는 마케팅 비용과 시간을 회피하려는 의도에서 비롯된다. 한 번 만든 네이밍을 변경하는 것은 지금까지 투하된 모든 마케팅 활동과 비용이 모두 물거품이 되기 때문에 불가능에 가깝다.

국내 껌 시장 역사를 다시 쓴 롯데자일리톨껌의 성공 사례는 모든 마케터들에게 동경의 대상이다. 처음 출시해 실패한 뒤에 재도전해서 거둔 성과이기에 더욱 빛을 발한다. 이러한 롯데의 성과는 국내 식품분야에서 신기원에 가깝다. 제과시장에서 간판 격인 '새우깡'과

'초코파이' 매출을 제치고 월매출 100억 원대를 달성한 혁명적인 사례로 꼽힌다.

하지만 화려한 성과에도 불구하고 이들은 딜레마에 빠졌다. 자사의 다른 껌 브랜드와의 심각한 자기잠식이 일어났고 원료 명을 네이밍으로 활용해 경쟁사들이 모방제품을 출시했기 때문이다. 이로 인해 경쟁사와 법적 공방에까지 가게 되는 우여곡절을 겪었다. '초코파이'나 '비타500'처럼 제품의 원료명을 네임으로 활용하는 방법은 가급적 지양돼야만 한다. 법적으로 상표로서 보호를 받지 못하기 때문이다.

숙취해소 음료 네이밍 평가표

평가항목	가중치	"911"	"컨디션"	"깨수깡"
1. 법적 보호(상표출원 여부?)	30%	25점	29점	29점
2. 제품 콘셉트와 일치성?	20%	18점	18점	18점
3. 발음 및 어감 양호성?	10%	9점	8점	7점
4. 소비자 기억 용이성?	10%	10점	7점	8점
5. 친근감(호감) 정도는?	5%	5점	4점	4점
6. 심볼릭한 디자인화 용이성?	5%	5점	3점	2점
7. 글로벌 지향성?	20%	19점	19점	10점
총점	100%	92점	88점	78점

* 전문마케터들의 평가 결과로 평가하는 사람에 따라 다를 수 있음

대한민국의 산업재산권 출원수는 일본과 미국, 독일, 중국에 이어 세계 5위의 대국이다. 지식재산권이란 인간이 지식활동으로 얻어진 정신적, 무형적 결과물에 대해 재산권으로써 보호받는 권리를 말하

고 산업재산권과 저작권 그리고 신지식재산권으로 구분된다. 산업재산권은 특허나 실용신안, 의장, 상표로 구성돼 있다. 특허는 누구나 알고 있는 기술적 사상의 창작물로 핵심기술로 아직까지 없었던 물건 또는 방법을 최초로 발명하였을 경우 그 발명자에게 주어지는 권리다. 실용신안은 실용적인 주변의 개량기술을 의미하는 것으로 이미 발명된 것을 개량해 보다 편리하고 유용하게 쓸 수 있도록 한 물품의 형상, 구조 또는 조합을 말한다. 심미감 있는 물품의 형상이나 모양, 색채를 의장이라고 한다.

상표는 상품을 생산하거나 가공, 증명 또는 판매하는 자가 상품을 기호나 문자, 도형, 입체적 형상 또는 이들을 결합하거나 색채를 결합한 것으로서 타인의 것과 명확히 구분돼 식별력이 있는 것을 말한다. 브랜드 네이밍으로써 상표는 소비자와 제조업자를 보호하려는 기능과 법적인 측면에서 품질보증, 광고 선전, 재산적 기능, 보호적 기능, 고객 흡인 기능 등이 있다.

상표법이 기업에게 중요한 이유는 만일의 경우 자사 브랜드가 특정 기업으로부터 유사상표나 상표권 침해로 법적인 소송이 불가피한 상황에 직면할 수 있기 때문이다. 실제로 기업들끼리 상표법 분쟁으로 수백억 원에 이르는 소송에 휘말리는 경우를 목격할 수 있다. 우리나라는 시장에서 '뭐가 하나 떴다' 싶으면 법망을 피해가면서 교묘하게 베끼기Copy 전략으로 시장을 교란하다가 서로에게 상처만 남는 출혈 경쟁이 곳곳에서 벌어지고 있다. 자금력이 열세한 중소기업들의 행위는 애교로 볼 수도 있지만 매출이 수천억 원대를 넘어서는 대기업도 저지르고 있다.

네이밍은 법적으로 보호를 받아야 한다. 경쟁사들에게 진입장벽을 구축하기 위해서다. 하지만 네이밍을 진행하는 과정에서 '괜찮다' 싶어 특허청에 상표를 검색해보면 대부분 '등록불가'로 판정 받기 일쑤다.

만일 숙취해소 음료인 '911'을 단독으로 출원하는 것이 어려울 경우 기업명을 결합해 '○○911' 형태로 진입장벽을 구축해야 한다. 경험적으로 네이밍 진행시 추천하고 싶은 방법은 교보문고나 영풍문고와 같은 대형서점 방문이다. 서점에 진열된 수만 권의 책 이름을 무심코 지나치다 보면 인사이트를 얻을 수 있다. 대학로나 번화가에 걸린 독특한 간판의 이름도 좋은 대안이 되기도 한다.

세계적으로 가장 과학적인 네이밍이 '코닥Kodak'이라고 한다. 언어학자까지 동원해 전 세계인들이 발음하기 가장 좋게 만들었다는 것이다. 네이밍은 발음하기 쉬운 2~3자 이내일 때 가장 강력하다. 세계적으로 유명한 브랜드 경우 대부분 2~4자 이내로 구성돼 있다. 물론 국내 시장에서는 설명적 브랜드가 히트하는 경우도 있다. 설명적 브랜드는 소비자가 제품 특성을 쉽게 인지할 수 있는 반면 경쟁사의 모방이 쉽고 법적으로도 상표권을 보호받을 수 없고, 특히 글로벌 지향과의 거리가 멀다.

네이밍은 마케팅 투자 재원의 역량도 동시에 고려해야만 한다. 삼성전자의 '하우젠Hauzen' LG전자의 '디오스Dios'처럼 특정 단어로 네이밍을 만들 경우 이를 소비자 마음속에 만들기 위해서는 막대한 광고비가 필요하다. 아울러 자사에서 직접 개발할지 전문 네이밍 업체에 아웃소싱을 진행할지도 하나의 중요한 선택사항이지만 대부분 히트 브랜드는 마케터들이 회의를 진행하는 과정에서 우연히 창안되는 경우가 많다.

현재도 그렇고 미래에도 세계 경제패권은 막강한 파워 브랜드를 소유한 국가가 차지할 것이다. 파워 브랜드는 뛰어난 마케터가 소비자들의 마음속에 만든다. '갤럭시S' 'SK하이닉스' '포스코'처럼 독자적인 브랜드를 개발해야만 한다.

글로벌을 지향하는 영문 네이밍을 적극적으로 개발하는 것이 좋겠지만 꼭 그렇지 만도 않다. CJ '비비고'의 경우 상표법에 출시한 한글 네이밍이면서 영어로도 'Bibigo'는 'Bi+Bi+Go'의 조합으로 반복성과 운율, 'Go'라는 명사가 결합된 훌륭한 네이밍이다. 반대로 제일모직 브랜드인 '빈폴아웃도어'의 매출이 신통치 않다면 근본적인 원인을 브랜드 전략에서 찾아야 한다.

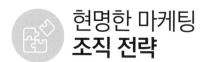

현명한 마케팅
조직 전략

생활용품사에 근무할 당시에 삼성전자로부터 강력한 항의 전화를 받은 적이 있다. 신제품을 출시하면서 TV광고를 대대적으로 진행하던 제품이라 긴장하지 않을 수 없었다. 사건의 전말은 가전제품의 내부를 세정하는 신제품을 디자인할 당시에 용기 그래픽을 담당한 디자이너가 삼성전자 매장에서 가전제품을 촬영했고, 이것을 변형해 제품 그래픽 디자인으로 활용한 것이다.

가전제품을 청소해주는 용도로 출신된 제품이기 때문에 가전제품 이미지에 부정적인 영향을 준다는 것이 삼성의 입장이었다. 초상권이라는 의외의 디테일한 변수를 챙기지 못한 결과였다. 그때까지 생산된 물량과 재고, 판매된 숫자를 파악해 신속하게 삼성전자를 방문했다. 경위를 자세히 설명하면서 이미 용기 디자인을 바꿔서 생산에 착수했다고 설명하자 그들은 괜찮다는 반응을 보였다. 그제야 겨우 안심할 수 있었다. 디자이너의 실수가 자칫 법적 분쟁으로도 이어질 수 있는 아찔한 경험이었다.

마케팅 업무를 진행하면서 돌발적인 사고는 불가피하게 터지기 마련이다. 사고는 제품을 생산하는 공장에서, 영업현장에서 발생할 수도 있다. 신제품 개발과정에서 발생하기도 하고, 업체와 업무를 진행하는 과정에서 발생하기도 한다. 하지만 중요한 것은 사고가 터졌을 때의 신속한 해결책이다. 마케팅에서 발생되는 사고는 사람이 하는 일이라 불가항력인 요소가 많다.

마케팅 활동이 정형화하기 힘든 업무의 특성으로 다른 부서에 비해 자주 발생하는 편이다. 사고가 터졌을 때 갈팡질팡할 게 아니라 매뉴얼에 따라 침착하게 해결해나가야 한다. 마케팅 부서에서 사고를 완전히 차단하는 것은 불가능하겠지만 프로세스를 정교하게 만들 수는 있다. 마케팅 조직을 효율적으로 개편하는 것이다.

마케팅 활동의 모든 업무를 프로세스로 구축하는 것은 불가능하다. 아니, 역설적으로 그렇기 때문에 마케팅은 정형화된 프로세스가 필요하다. 프로세스에 따라 관리하면 효율은 높아지고, 재원의 합리적 분배도 가능하다. 유사한 프로그램을 진행할 때도 적정한 규모의 예산을 투입할 수 있고, 효과도 예측할 수 있다. 이러한 마케팅 과업을 충실하게 소화할 수 있는 마케팅의 근본적인 조직 시스템이 있다.

해답은 브랜드가 중심에 서는 '브랜드 매니저 시스템'이다. 이것은 선진기업들로부터 수많은 시행착오를 통해 이미 검증된 조직구조로 P&G나 유니레버, 로레알을 비롯해 CJ제일제당, LG생활건강, 애경, 아모레퍼시픽, 오리온 등에서 보편적으로 활용되고 있다.

마케팅 과업은 복잡하고 난해하다. 프로그램에 따라 얽히고설킨 부서가 다양할 뿐만 아니라 성과에 영향을 미치는 변수도 많다. 내부적인 요인에서 대외적인 변수에 이르기까지 불확실성도 높다. 막대한 마케팅 비용을 투자하면서도 구체적으로 어떤 성과를 가져올지 속 시원하게 밝히기도 어려운 것이 모든 마케터의 고민이다.

하지만 투입비용In put 대비 기대효과Out put를 체계화시켜야 한다. '측정할 수 있으면 관리할 수 있다'는 원칙 하에 마케팅 활동 전반에 걸쳐 과학적인 조직시스템을 도입할 필요가 있다. 광고가 만들어지고 제작되는 과정은 물론 프로모션이나 이벤트도 기획될 단계부터 치열한 고민이 필요하다. 지표를 개발해 브랜드의 포트폴리오 전략 하에 예산 할당이 이루어지고, 결과에 대한 평가 및 피드백도 뒤따라야 한다. IMC 통합 마케팅 시각에서 자사의 마케팅 프로세스를 최적화시킬 수 있는 방법이 무엇인지 진지한 고민이 필요하다.

과학적 마케팅은
시스템에서 나온다

과학적인 마케팅은 뛰어난 분석과 완비된 시스템으로부터 나온다. 숫자로 구성된 미완의 데이터를 정보화하고, 복잡한 프로세스도 단순화시켜야 한다. 철저하게 DB에 근거한 전략이 수립되고 성과관리 시스템을 도입해 결과를 피드백 해야 한다. 기획 단계에서 기대되는 목표치와 효과를 반드시 입력할 수 있도록 프로세스를 표준화하고, 프로젝트가 종료된 시점에는 성과를 반드시 입력할 수 있게 시스템을 구축한다면 지표를 관리할 수 있다.

현업에서 마케터가 가장 곤란한 때는 자신이 출시한 제품이 예산을 많이 투자했음에도 실적이 없을 때다. 설상가상으로 실패한 신제품을 시장에서 철수하게 될 때는 쥐구멍이라도 들어가고 싶은 심정이다. 그럴 때는 더욱 전략적으로 후속 방안을 강구해야만 한다.

단순하게 상품 자체만을 좁게 보지 말고, IMC 통합마케팅 관점에서 다양한 변수를 종합적으로 강구하라는 말이다. 상품과 고객들의 속성을 정확히 파악하고, 정형화된 프로세스에 따라 시장에서 철수하는 전략이 뒤따라야 한다. 사람의 관계가 시작보다 끝이 중요하듯이 신제품도 출시할 때보다 오히려 철수할 때가 중요하다. 전사적 관점에서 효율을 극대화하는 방향으로 재고처리에 대한 명확한 해법도 제시해야 한다.

파나소닉과 전략적 제휴를 통해 건전지를 판매한 적이 있다. 예상했던 일이지만 판매가 진행되면서 채널 간 가격 마찰이 심했다. 이를 차단할 목적으로 가격을 대리점과 직접 유통으로 이원화하자, 직접 유통의 판매는 양호했지만 간접 유통에 해당되는 대리점 판매가 신통치 않았다. 이를 해결하기 위해 공장도가격을 인하해서 재고가 쌓이는 것을 막고, 재고비용도 감소시키는 정책으로 전환했다.

납품업자와는 별 문제가 없었지만 의외의 곳에서 문제가 터지고 말았다. 이를 담당한 경영기획 팀 담당자가 사내 ERP 시스템에 인하된 가격을 반영하지 않았던 것이다. 공문으로 내용을 통보했지만 정작, 가격이 변경될 시점에 담당자가 휴가를 떠나면서 가격을 변경하지 않았던 것이다. 문서로 통보했다는 안일한 생각으로 끝까지 유관 부서를 챙기지 못한 참담한 결과였다.

현명한 마케터는
동료를 파트너로 만든다

마케팅 부서는 대내외적으로 파트너와 업무를 추진하는 경우가 많다. 업체와 좋은 관계를 유지하려면 신뢰가 우선이다. 업무를 진행하다 보면 결과가 좋지 않을 때도 있다. 좋을 때보다 오히려 문제가 터졌을 때 슬기롭게 해결해야 한다. 특히 협력업체와 중요한 커뮤니케이션을 진행할 때는 전화보다 정중하게 문서로 소통하는 것이 좋다.

광고대행사가 가장 싫어하는 광고주가 문서로는 주지도 않으면서 '광고를 쌈빡하게 잘 만들라'고 무조건 독촉하는 사람이다. 광고가 마음에 들지 않으면 '싱겁다. 그래서 소금을 더 넣어라'는 식으로 구체적으로 제시할 수 있어야 한다. 회사 내부적으로도 마찬가지다. 기업 규모에 따라 다르겠지만 마케팅 부서는 사업부나 몇 개의 팀으로 운용되는 경우가 많다. 그러다보면 다른 팀과 비교돼 경쟁심리가 발동한다.

현명한 마케터는 동료와 경쟁하기보다 오히려 파트너로 만든다. 사고를 조금만 전환해도 서로 협조할 여지가 얼마든지 있다. 다른 팀과의 업무협조는 상사들 관점에서 부하 직원을 평가하는데 좋은 지표가 된다. 역량 있는 마케터는 유관부서와의 관계가 좋다. 회사는 사람들이 모여서 함께 일하는 곳이다. 이들과의 관계가 업무성과와 직결된다. 여러 부서와 이해관계가 얽혀 있는 마케팅 부서는 특히 중요한 이슈다.

분기 또는 반기별로 마케팅 활동에 대한 정기적인 감사 시스템을 도입할 경우 숫자에 기반을 둔 마케팅을 정착시킬 수 있다. 제약된 감사가 아니라 적극적인 감사가 이루어져야 한다. 그렇게 된다면 마케팅 프로그램은 더욱 정교화 되고, 전사적인 관점에서 회사가 지향하는 방향으로 시스템을 구축할 수 있다. 현대카드의 마케팅 감사 시스템이 그랬다. 이들의 마케팅 기획서는 1백만 원짜리든, 100억 원짜리든 담당자가 품의를 올리면 8시간에 이내에 CEO까지 결제가 완료된다. 결제 시간이 8시간을 초과할 경우 사유서를 제출해야 되기 때문이다.

프로세스를 개선시키고자 할 때는 시스템에 있는 모든 자원을 최적화시킬 필요는 없다. 관건은 프로세스 전반에 가장 큰 영향을 미치고 있는 병목자원을 제대로 발굴해 그것을 개선시키는 일이다. 현업의 프로세스에서 문제의 핵심을 잡아내려면 현상을 정확히 진단할 수 있는 통찰력이 필요하다. 거기에 논리적 사고와 판단력이 더해지면 어떠한 문제도 해결할 수 있다. 문제가 있으면 해결책도 있다. 중요한 것은 구성원들 간에 소통이다. 모든 구성원이 함께 노력한다면 풀지 못할 과업이란 기업에 존재하지 않는다.

브랜드 마케팅 조직
4가지 유형

그 시대의 주요 경영 이슈를 살펴보려면 대형 서점의 경영·경제 코너를 방문해보면 금방 알 수 있다. 리더십과 자기계발, 마케팅 등의 책에는 단골 메뉴로 항상 새로운 콘셉트의 베스트셀러가 존재하기 마련이다. 대체로 이들은 경영 이슈나 트렌드와 무관하게 스테디셀러의 입지를 구축하고 있다. 그중에서도 기업의 경영환경 변화와 함께 발전을 거듭해온 브랜드에 주목할 필요가 있다. 브랜드 관련 컨설팅 업이 주요 쟁점으로 떠오르면서 대학에도 브랜드 강좌가 개설된 지도 오래다. 현업에서 브랜드가 '무형의 자산가치 1호'라는 말도 낯설지 않게 되었다.

마케팅은 브랜드가 핵심이다. 실제로 기업이 파산해도 시장에서 살아남을 수 있는 것은 브랜드로 해마다 발표되고 있는 코카콜라나 페이스북, 애플, 삼성 등의 수천억 달러에 달하는 막대한 브랜드 자산도 익숙하다. 아이러니컬하게도 기업은 파산해도 브랜드는 생존할 수 있다. 이유인즉, 기업이 추구하는 시장은 우리가 일반적으로 알고 있는 시장Market place의 개념이고, 브랜드가 추구하는 시장은 소비자들의 마음속이기 때문이다. 소비자 마음속에 굳건하게 구축된 브랜드 포지셔닝은 결코 쉽게 무너지지 않는다.

복잡 난해한 마케팅 과업과 브랜드 경영을 실행하려면 마케팅 인프라를 정비하고, 마케팅 조직을 개편해야만 한다. 브랜드 매니저 시스템BMS: Brand Manager System의 도입이다. 이것은 세계적인 다국적 기업들로부터 이미 검증된 마케팅 조직이다.

현업에서 브랜드 경영을 제대로 실행하고 싶어도 어디서부터, 어떻게 시작해야 할지 막막한 게 사실이다. 그것은 브랜드가 눈에 보이는 유형의 가치가 아니라 마케팅 활동을 통해 사후적으로 만들어지는 무형의 가치이기 때문이다. 즉, 보이지 않는 것을 관리해야 하는 어려움이 따른다. 그렇다면 브랜드 경영을 실행하기 위해서는 무엇을 어떻게 시작해야 할까? 그것은 브랜드 전담 조직을 신설해 마케팅 인프라를 구축하고 BM 제도를 도입해 마케팅 프로세스를 혁신하는 것이다.

국내 상장사들 중에서 브랜드 관리를 전담하는 조직을 별도로 운영하고 있는 곳은 아직까지도 미미한 것으로 조사됐다. 더욱 놀라운 것은 이들은 이미 브랜드 관리의 중요성을 공감하면서도 기존의 마케팅 조직 산하에서 단순한 업무를 수행하고 있다. 해마다 경영성과를 평가받아야만 하는 전문경영인은 성과가 중장기적으로 나타나는 브랜드 관리에 대한 선투자를 꺼린다. 이러한 이유로 한국에서는 장수하는 100년 브랜드 탄생이 힘들고, 브랜드 관리를 위한 마케팅인프라 재편의 필요성도 잘 느끼지 못하고 있다.

현재 기업에서 운영하고 있는 브랜드 관련 마케팅 조직의 유형을 살펴보면 크게 4가지로 구분할 수 있다. 첫째는 브랜드를 전담하는 조직이 기업내부에 없는 경우다. 둘째는 마케팅 부문 산하에 담당자를 지정해 브랜드 관련 업무를 취급하게 하는 경우로 기업명이 곧 사업의 핵심 브랜드인 곳에서 주로 활용되고 있다. 셋째는 마케팅 본부 산하에 브랜드 실이나 브랜드 관리팀을 신설해 운영하는 곳이다. 서비스 기업의 브랜드 관리에 적합한 형태로 그만큼 브랜드 관리를 잘하겠다는 의지가 내포돼 있다. 넷째는 유니레버나 P&G 등 세계적인 다국적 기업들이 이미 실행하고 있는 BM제도를 도입해 정착시킨 경우로 국내에서는 85년 애경산업이 유니레버와 합작법인을 설립하면서 최초로 도입하면서 확대됐다.

과거 마케팅 조직에서 브랜드 관리가 불가능했던 가장 큰 이유는 브랜드에 대한 전권을 소유한 명확한 책임자가 없다는 점으로 아이러니컬하게도 이 말 속에는 기업에 소속된 모든 사람이 책임자가 될 수 있다는 뜻도 내포돼 있다. 마케팅 조직이 업무 위주로 분권화된 조직은 상품기획팀은 신제품 개발만, 광고 팀은 광고 제작만, 판촉 팀은 판촉만과 같이 브랜드에 대한 일관된 정책을 운영하는 것이 현실적으로 불가능하고, 출시된 브랜드에 대한 부서들 간의 업무 영역도 명확하지 않아 사안에 따라 책임을 회피하거나 또는 공을 서로 차지하려는 갈등이 유발될 수밖에 없다.

카테고리 중심으로 PMProduct manager 제도를 운영하고 있는 조직에서도 결과는 마찬가지다. 심지어는 마케팅 조직을 관리나 영업 본부에 귀속시키는 기업도 있는데 이런 조직에서 마케팅은 지극히 제한적인 업무만을 수행할 수밖에 없어 판매를 지원하는 영업지원 부서로 전락될 수 있다.

국내에서 가장 일반적인 형태의 마케팅 조직은 마케팅 본부 산하에 마케팅기획 팀이나 상품기획 팀, 광고관리 팀, 판촉 팀, 시장조사 팀, 고객만족 팀과 같이 마케팅 업무 위주로 팀이 구분돼 있어 겉으로 보기에는 매우 효율적으로 브랜드 관리를 실행할 것 같지만 실상은 전혀 그렇지 못하다. 단적인 예로 이러한 조직에서 TV 광고를 제작할 때면 상품기획 팀이 의도한 전략과는 다른 콘셉트의 광고가 제작되는 경우가 많은데 만일 상품기획 담당자가 광고관리 팀 업무에 관여할 경우 월권행위란 인식이 지배하는 게 현실이다.

이에 비해 상품기획과 광고 제작에 무한책임을 가지고 있는 BM
이 광고를 제작할 때 이러한 우려는 기우에 불과하다. 아직까지도 업
무중심으로 마케팅 조직을 운영하고 있는 기업은 하루라도 빨리 BM
제도를 도입해 과학적인 브랜드 관리를 시작해야만 한다. 그래야지
시장에서 경쟁 브랜드를 제압할 수 있다.

BM, 오케스트라의
지휘자가 돼라

BM 제도란 브랜드 탄생에서부터 소멸까지 브랜드
전반에 대해 BM이 무한책임과 권한을 가지고 마케팅 정책을 펼칠
수 있는 마케팅 프로세스를 말한다. 여기서 BM의 역할은 신규 브랜
드 개발, 기존제품 개선, 광고 제작 및 집행, 홍보 전략 실행, 프로모
션기획 및 실행, 원가/매출/손익관리, 유통 정책, 리서치 등을 통해
브랜드 자산가치를 올리고 생명을 유지할 수 있도록 브랜드에 살아
있는 영혼과 힘을 불어넣는 것이다.

BM 제도를 이미 시행하고 있는 국내 기업들의 경우 아직까지도
광고관리 팀이나 상품기획 팀이 건재 한 상태로 기업의 모든 브랜
드 광고를 전담하거나 신제품 개발을 주관하는 역할을 수행함으로써
BM은 결국 자신의 브랜드에 대한 판매계획이나 예산관리 같은 단편
적인 업무에 국한될 수밖에 없다. 그래서 기존에 발생된 문제점도 그
대로 재현되고 있다. BM 제도의 핵심은 결국, 각각 기능별로 분리된

마케팅 조직을 하나로 통합해 운영하는 소사장 제도로 BM의 역량은 종적인 깊이만큼 횡적인 면에서도 거시적인 안목과 다재다능한 멀티 플레이어로서의 자질이 확보돼야 한다.

BM 마케팅 인프라를 구축하기 원하는 기업에서 가장 먼저 고려 할 점은 자사 마케팅 환경과 BM 도입의 적합성이다. 모든 기업에게 BM 제도가 효과적인 것은 아니다. BM 제도가 가장 적합한 기업으로는 기업 브랜드 하에 여러 개의 복수 브랜드를 운영하거나 카테고리 별로 패밀리 브랜드를 운영하는 비교적 매출액 규모가 큰 기업이다.

다시 말해 소비자와 브랜드를 가지고 직접 커뮤니케이션을 전개하고 있는 소비재 용품 사업에 종사하는 기업들에게 매우 적합하다. 이에 비해 상대적으로 매출액 규모가 왜소하거나 기업 브랜드를 단일 브랜드로 활용하는 기업의 경우 마케팅 팀에 브랜드를 전담할 수 있는 브랜드 매니저를 영입하고, BM에게 명확한 책임과 권한을 부여해 리더십을 갖고 여러 부서를 통합적으로 관리할 수 있도록 만들어 주어야 한다.

BM 제도를 구축하기 위한 구체적인 전략 방향은 기존에 업무나 상품 중심으로 분권화 돼 있는 마케팅 조직을 재편해야 한다. 즉, 상품기획 팀과 시장조사 팀, 광고관리 팀을 없애고 이들을 전략기획 팀으로 통합하는 것이다.

이때 전략기획 팀의 역할은 매우 중요하다고 할 수 있는 데 이들의 역할은 BM 간 발생할 수 있는 자기 브랜드 중심 사고를 전사 관점에서 전략적으로 조율하고 브랜드 포트폴리오 전략을 수행할 뿐, 개별 브랜드에 대한 전략에 대해서는 일체 관여할 수 없게 하고, 오히려 BM의 각종 업무를 지원하거나 돕는 역할을 수행하게 만든다.

이후에 기업 내부 모든 브랜드를 제품이나 브랜드 성격이 유사한 카테고리로 묶어 담당자를 선정한다. 기업 내부의 전략적 중요도나 매출액에 따라 1~3명 내외로 브랜드 전담 팀을 구성해 BM과 ABMAssistant Brand manager으로 배치하고 브랜드에 대한 전권을 위임한다. CEO의 전폭적인 지원이 뒤따라야 하며 다른 부서들로부터도 BM 제도가 성공적으로 정착될 때까지 전사적으로 협조해야 한다.

다음은 회사의 모든 경영지표를 개별 브랜드 중심으로 전환시켜야한다. 손익계산서나 대차대조표도 관리회계 관점에서 개별 브랜드합이 사업부 합이 되고, 사업부들의 합이 회사 전체지표가 될 수 있도록 마케팅정보 시스템을 구축해야 한다. 예를 들어 고객만족 팀에서 집계되는 월별 클레임도 브랜드별로 집계돼 담당BM에게 통보될 수 있는 프로세스로 정립시키고, 매출이나 손익도 브랜드별로 수립되고 관리될 수 있어야 한다. 대외적으로도 광고대행사나 PR 대행사와의 업무도 각각의 BM에게 전권을 이양해야 한다.

특히 광고대행사의 경우 하나의 대행사에서 기업의 모든 광고물을 전담하게 하지 말고, 사업부별 또는 팀별로 다른 광고 대행사를 운영할 수 있도록 분위기를 조성해줌으로써 선의의 경쟁을 유발시키는 것이 좋다. 제대로 구축된 BM 제도에서는 광고대행사 AE, 리서치담당자, PR 대행사 등의 담당자들과 한배를 탄 것처럼 혼연일체가 돼 브랜드 전략에 일관성을 기해야만 한다.

다음은 BM 제도를 성공적으로 정착시키기 위해 사내 커뮤니케이션 체계를 새롭게 구축하고 정례화 할 필요가 있다. 이를 해결할 수 있는 방안으로 BM이 추축이 되는 4가지 부문의 브랜드 관련 회의를 신설해야 한다.

첫째 제품 개발 회의Product development meeting로 매달 실시하되 격월로 기존 제품 개선과 신제품 개발을 R&D, 디자인, 경영기획, 생산부서 등의 유관부서가 모여 최고경영자가 배석한 자리에서 의사결정을 직접 받는 것이다.

둘째, 브랜드 전략 미팅Brand Review Meeting으로 브랜드별 목표대비 성과와 주요이슈를 점검하고 전략 방향을 수립하는 회의로 BM이 직접 발표하고 핵심 유관 부서 담당자를 회의에 배석시켜야 한다.

셋째, 원가 절감 회의Cost saving meeting로 유관 부서별로 브랜드에 대한 원가절감 방안이나 프로세스 개선에 대해 목표대비 실적을 발표하면서 아이디어를 모아야 한다.

넷째, 홍보 전략 회의로 전월의 실적과 차월의 전략에 대해 브랜드별로 BM이 발표하고 홍보실과 PR대행사가 참석한다. 4개의 회의주관은 BM이 진행하되 마케팅 본부는 전원 참석하고 유관 부서는 회의석상에서 의사결정을 내릴 수 있는 임원이 참석하는 것이 좋다. 물론 최고경영자는 4개 회의에 반드시 참석해야 한다. 만일 위에서 언급한 4개의 회의를 정상적이고 정기적으로 내부에 정착시킬 수만 있다면 BM 제도는 이미 50퍼센트 이상 성공한 것으로 볼 수 있다.

마지막으로 리더십과 역량을 갖춘 BM의 확보는 BM 제도를 성공적으로 구축하는 데 있어 화룡정점에 해당한다. BM은 브랜드 경영의 중심에서 부서별로 역할을 조정하거나 중재하면서 브랜드 로열티를 지속적으로 강화할 의무를 지닌다. 대내외적으로 BM이 다른 부서나 팀을 리드할 수 있는 리더십이 부족하거나, 그들을 설득시킬 수 있는 소통역량이 부족할 경우 그것은 고스란히 자신이 담당하는 브랜드 성과에 반영될 수 있다.

BM은 2만여 개의 부품으로 구성된 자동차를 운전하는 드라이버요, 100여 명으로 구성된 오케스트라에서 지휘자 같은 역할을 수행하는 사람이다. 교향곡을 연주할 때 바이올린이나 비올라, 첼로 등의 악기를 연주하는 사람은 자신의 악기 연주에만 충실하면 되지만, 지휘자는 모든 악기의 소리를 충분히 소화하고 곡의 흐름을 나름대로 재해석해서 자기만의 스타일이 살아나도록 만드는 사람이다. 이것이 바로 마케팅 BM 제도에서 BM의 핵심 역할이다.

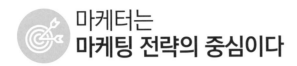

마케터는
마케팅 전략의 중심이다

샐러리맨들의 의식구조에 자리한 '한 번 직장은 평생 직장'이라는 보편적인 사고가 기업들의 과감한 구조조정과 함께 퇴색되고 '한 번 직종은 평생 직종'이라는 새로운 기류가 직장인들 사이에 형성되고 있다.

이를 반영하듯 주로 외국 기업을 중심으로 형성됐던 국내 헤드헌팅 시장도 어느덧 폭발적으로 성장해 전문업체 수도 수백여 개에 이르고 있다. 이러한 국내 헤드헌팅 시장의 성장 배경에는 첫째, 수요와 공급이라는 경제 논리에서 기업들의 전문 인력에 대한 수요증가와 둘째, 이직을 또 하나의 새로운 기회와 도전으로 생각하는 직장인들의 인식변화 그리고 인프라 측면에서 급속히 발전한 인터넷의 영향으로 기업과 이직자 간 또는 헤드헌팅 사와 이직자 간 정보 및 커뮤니케이션이 용이해진 데 원인이 있다.

그중에서도 기업들이 신입사원을 선발해 교육훈련을 통한 실무 배치 보다 적재적시에 필요한 전문 인력을 수시로 채용해서 협업에 투입하는 전략으로 방향을 전환한 것이 결정적 원인이다. 신입사원 채용에 따른 비용과 리스크를 최소화하고 필요한 때에 업계에서 이미 업무능력이 검증된 유능한 인재확보가 기업에게 효율적인 인사정책으로 정착되고 있는 것이다. 그중에서도 국내 헤드헌팅 시장에서 큰 비중을 차지하는 업종이 마케팅이라는 사실에 주목할 필요가 있다. 도대체 마케팅이 무엇이기에 기업들은 유능한 마케터 확보에 혈안이 돼 있는 것일까? 이것은 기업에서 그만큼 마케터의 역할이 핵심이라는 반증이다.

전략의 중심에
마케터가 있다

일반적으로 마케터들의 이직률은 높은 편이다. 이유는 단순하다. 브랜드가 중심을 이루는 시대가 왔다. 시장이 성숙할수록 기업 간 브랜드 경쟁이 치열해질 수밖에 없고, 기업들의 생존 여부도 마케팅 차별화를 통해서 가능할 수 있기 때문이다.

그러니까 기업 간 경쟁은 마케터들 간의 브레인 싸움으로 압축된다. 국내 기업들의 마케팅 수준도 이미 상당한 수준 이상으로 올라와 있다. 국민소득 3만 달러 시대를 넘어서면서 CEO들도 마케팅의 중요성을 알아차렸고, 역량 있는 마케터 확보에 힘쓰고 있다. 선진 글로벌 기업들이 우수한 인재를 스카우트해가면서 역량 있는 마케터들의 몸값도 상승했다.

마케팅 전략과 전술은 참으로 다양하다. 무엇보다 중요한 사실은 마케팅 전략을 운영하고 집행하는 마케터야말로 기업의 가장 큰 자산이다. 마케팅에서 핵심이 되는 전략을 직접적으로 집행하는 사람이기 때문이다. 성공적인 마케팅 전략을 수행하는 데 필요한 콘셉트와 소비자 조사, 커뮤니케이션을 운영하는 것도 결국은 사람이다.

마케팅 전략을 체계화하기 위한 수단으로 고객과 STP 전략, 마케팅시스템 중심에도 마케터가 위치한다. 회계나 재무, 인사, 총무나 영업이 아닌 마케터가 브랜드에 대한 책임을 전적으로 가지고 있다. 마케팅에서 가장 중시되는 마케팅믹스도 결국은 사람이 수립하고 사람이 운영한다. 마케팅에서 꽃이라 할 수 있는 IMC 전략도 결국은 마케터의 역량에 따라 천차만별의 결과가 나타난다.

한국고용정보원에 따르면 대한민국의 직업 수는 12,000여 개에 달하고 마케터는 경영·사무 관련직으로 분류된다. 직업에는 귀천이 없다는 말이 있다. 폭넓은 직업군에서 마케터라는 직무를 추천하는 이유는 미래에 비전이 있는 직군이란 확신에서다. 지난 25년간의 직장생활을 돌아볼 때 나는 수많은 직업군의 사람들을 직간접적으로 만나면서 함께 일해 왔고, 지금은 주로 CEO들을 만나고 있다.

이들의 고민은 크게 2가지다. 판매활성화와 역량 있는 마케터에 대한 갈증이다. 대부분 최고경영자들은 기업에서 마케터 직무의 중요성을 강조하며 좋은 사람 추천을 희망했다. 기업의 방향을 결정하는 씽크탱크로서 첨병역할을 수행하기 때문이다. 경영학의 대가인 피터 드러커도 말했다. '기업은 오로지 두 가지 기능, 마케팅과 혁신만 있으면 된다.'는 것이다.

　대학에서 후학에 전념하고 있는 교수들은 사회적으로 지위와 명예를 동시에 갖춘 최고 엘리트 집단으로 자부심이 남달리 강하다. 경영학 교수들은 자신이 담당하는 학문 분야가 기업에서 가장 핵심 역할을 한다고 학생들에게 설파한다. 경영학을 구성하고 있는 모든 분야가 중요하지만 최근의 경영환경에서 브랜드 자산Brand Equity이 제1의 재무적 지표로 대두되면서 이를 관리하는 마케팅이 기업의 핵심부서로 정착된 것이다. 마케팅 목표와 경영 목표가 일치하고, 마케팅 교수가 대외적인 프로젝트에서 가장 왕성한 활동을 펼치고 있는 것도 이를 잘 입증해주고 있다.

　여기서 재미있는 사실이 있다. 마케터란 직무와 대학의 전공과는 아무런 상관관계가 없다는 사실이다. 실제로 역량 있는 마케터들의 전공은 상경계열이 아닌 경우가 많다. 국문학과나 심리학과 출신의 마케터들이 의외로 많다. 사람의 소비심리를 움직이는 것이 마케팅의 핵심이라 충분히 공감할 일이다. R&D 출신의 마케터들도 적지 않다면 놀랄 일일까? R&D력으로 무장한 마케터가 시장에서는 가장 높은 값에 거래되고 있다. 마케터라는 직무는 자신의 전공과 무관함을 엿볼 수 있다.

기업에서 마케터란 누구를 말하는 것일까? 마케터는 단순히 마케팅본부의 직원들에게 국한되지 않는다. 마케터는 기업에서 브랜드와 관련된 업무를 수행하는 모든 사람을 지칭한다. 기업의 특성에 따라 마케터를 정의하는 업무가 조금씩 달라질 수 있지만 PR을 담당하는 홍보맨에서부터 고객접점에서 커뮤니케이션을 수행하고 있는 텔레마케터에 이르기까지 기업 구성원 모두를 마케터로 볼 수 있다. 하지만 스마트한 경영진이라면 마케팅 부서에 소속된 마케터들의 중요성을 깨달아야만 한다. 역량 있는 마케터를 많이 보유한 기업일수록 미래가 밝기 때문이다. 이들을 제대로 활용하려면 다른 부서의 구성원들보다 특별한 인센티브를 고려하라. 실제로 선진기업들은 마케터들의 연봉이 높은 편이다.

비전을 세우는
5가지 원칙

━━━━━━━━━ 기업 평판은 모든 CEO들의 주관심사다. 고객들이 대외적으로 CEO를 평가하는 KPIKey Performance Index이기 때문이다. 이렇게 평가된 기업평판은 우수한 고객을 확보하는 지름길이 된다. 고객의 의미는 자사에서 만든 제품이나 서비스를 구매하는 고객뿐만 아

니라 기업을 구성하는 내부 임직원들도 포함된다. 기업 평판은 특정한 제품범주에 국한된 게 아니라 기업을 둘러싸고 있는 모든 환경에 직간접적으로 영향을 미칠 수 있다. 무엇보다 기업이 생산하고 판매하는 제품이나 품질력, 서비스는 기업과 고객이 만나는 최접점으로서 중요하다. 제품을 단순히 사용하는 행위뿐만 아니라 부품구입의 용이성이나 AS도 기업의 평판이나 이미지 형성에 큰 영향을 미친다. 특히 제품을 판매하기 위해 진행되고 있는 고객과의 커뮤니케이션 활동은 기업 이미지 형성에 결정적 영향을 미친다.

마케팅적으로 가격 정책 또한 기업 이미지와 평판에 큰 역할을 한다. 경쟁 제품과의 상대적인 가격 수준, 가격 할인 등은 소비자들의 구매의사 결정과정에서 큰 영향을 미친다. 유통망이나 고객의 최접점에서 영업활동을 수행하고 있는 판매원들의 특성도 기업 이미지와 직결된다. 최근에 부각되고 있는 기업의 사회적 역할 및 책임도 기업 평판에 결정적 영향을 미칠 수 있다. 대표적인 기업의 사회적 활동으로는 환경보호나 소비자에게 생활의 질을 높이기 위한 경제적 활동, 산학연계 활동 등이 있다

기업 문화는 어떠할까? 종업원들의 특성이나 응집력, 자사에 대한 충성도 등을 통해 기업 문화를 가늠할 수 있다. 기업 문화란 조직 구성원의 행동을 형성하고, 의사결정 등 조직 내에서 사람들 간의 관계에 영향을 주는 분위기나 환경을 말한다. 이것은 주로 최고경영자의 행동이나 가치에 의해 강하게 영향을 받는다. 기업 내에 존재하는

전통이나 관습을 의미하는 것으로 주로 핵심가치로 대표되기도 하며, 기업경쟁력의 중요한 요소로 인식돼 기업 경영의 효과성을 측정할 때 기업 문화가 중시되기도 한다. 일반적으로 삼성은 어떻다. LG는 기업문화가 어떻다 등으로 귀결되는 정의다. 이것은 기업의 평판과 직결돼 있다.

비전은 개인에게나 기업에게도 아주 특별한 의미를 가진다. 개인에게 비전이 없으면 인생에서 성공하기 힘들듯이 비전 없는 기업이 시장에서 사라지는 것도 시간문제다. 이러한 비전을 만들 때는 5가지 원칙이 있다.

첫째, 비전은 실현이 가능해야 한다. 비전은 마음만 앞서거나 바람만 가져서는 요원할 뿐 제대로 된 표현이 아니다.

둘째, 비전은 대담해야 한다. 실현가능한 꿈만으로는 비전이 보이지 않기 때문이다. 목표가 대담한 것이어야 평소와는 다른 행동의 실천으로 연결된다.

셋째, 비전은 미래지향적이어야 한다. 그래야지 불만족한 현재를 타파하고 조직이나 사람을 이끄는 힘이 생기고 사람의 가슴이 뛰게 만들 수 있다. 가치 있는 바람직한 미래 모습을 제시함으로써 사람의 마음을 움직이게 해야만 한다.

넷째, 비전은 구체적이면서 동시에 복잡해서는 안 된다. 가급적 구체화된 숫자로 제시돼야 사람의 머릿속에 그림이 만들어지고 그것이 무엇인지를 정확히 알 수 있다. 복잡하면 기억하기도 힘들뿐만 아니라 비전이 모호해질 우려가 있다.

다섯째, 비전은 목표한 기간이 명시돼야 한다. 그래야지 단계별 전략이 나오고 하부 실행단의 전술을 수정하거나 보완해 나갈 수 있다.

이러한 5가지 원칙에 충실한 '달 착륙man on the moon' 비전은 전 세계적으로 표본이 될 정도로 구체성과 미래지향, 시점, 대담성을 모두 갖추고 있다. 존 F. 케네디는 1961년 5월에 미국 시민과 세계인을 향해 인류의 자유와 미래에 대한 비전을 다음과 같이 설파한 것으로 유명하다. "저는 이 나라가 10년이 채 끝나기 전에 달에 사람을 착륙시키고 그를 안전하게 지구로 돌려보내는 목표를 달성하는데 전념해야 한다고 생각합니다(I believe that this Nation should commit itself to achieving the goal, before this decade is out, of landing a man on the moon and returning him safely to earth)."

삼성전자가 창립 40주년을 맞아 발표한 '비전 2020'에도 좋은 비전의 조건이 녹아들어가 있다. 이들은 슬로건으로 'Inspired the World, Create the Futer'를 표방했다.

"2020년을 향한 삼성전자의 VISION은 'Inspire the World, Create the Future'입니다. 이는 우리가 가지고 있는 New Technology, Innovative Products, Creative Solutions를 통하여 미래 사회에 대한 영감을 불어넣고, 고객Industry, 사회Partner, 임직원

Employee의 새로운 가치를 도모함으로써, 궁극적으로 인류사회의 번영을 가져오는 새로운 미래를 창조하기 위한 삼성전자의 의지입니다. 우리의 목표는 2020년 매출 4,000억 달러, 브랜드 가치 Top5를 달성하는 것이며, 이를 위해 창조 경영, 파트너십 경영, 인재 경영을 3대 전략 방향으로 설정했습니다."

삼성전자는 이를 실행하기 위해 하부단의 실천적 방안으로 숫자와 기간, 집중할 사업영역 등을 명확히 표방하고 있다. 매출액에서 세계 10위를 지향하면서 브랜드 가치 5위로 도약하겠다는 야심찬 포부다. 무엇보다 주목할 점은 비전과 목표를 숫자로 구체화시켰다는 것이다.

비전이란 사람의 마음을 움직이게 하는 힘이 있어야 한다. 내재된 동기를 유발해 조직 구성원들이 비전이 제시된 방향으로 일사분란하게 움직일 때 목표한 비전을 달성할 수 있다. 일방적으로 주입된 비전은 결코 구성원들의 마음을 움직이지 못한다. 국내 기업들이 대부분 내세우고 있는 '글로벌 리더' '1등 기업' 등은 포부일뿐, 비전은 아니다. 심지어는 기업의 비전을 하나의 '케치프레이즈' 정도로 이해하는 사람도 있다. 하지만 일방적으로 주입된 비전은 조직원들의 마음을 결코 움직이지 못한다.

최첨단 마케터의
필요조건 4가지

얼마 전 고용 없는 저성장 시대의 유망 직종 베스트 5에서 경영전략 컨설턴트에 이어 마케터가 2위를 차지했다. 도전적이고 새로움을 추구하는 진취적 성격의 소유자라면 마케터라는 직업은 자신의 능력을 마음껏 발휘할 수 있는 좋은 무대가 된다. 반대로 변화를 두려워하는 사람은 마케팅에서 거부한다. 아이디어가 생명인 마케팅에서 살아남을 수 없기 때문이다.

실전을 뛰고 있는 마케터들이 최고다. 마케팅 교과서는 마케터들이 개척한 경험과 사례를 묶어서 정리한 이론일 뿐, 명쾌한 해답서는 아니다. 마케팅의 황금률과도 같았던 4P믹스(제품Product, 가격Price, 유통Place, 판촉Promotion)라는 단어가 등장한 지도 어느덧 60년이라는 세월이 흘렀다. 그만큼 마케팅 세계는 급변하고 있다. 실전을 뛸 때는 누구나 두렵다. 실패가 두렵기 때문이다. 하지만 현장에서는 실패를 두려워하지 말아야 한다. 성공하면 좋겠지만 설령 실패하더라도 괜찮다. 그때는 잘 모르지만 시간이 지나면 깨닫게 된다. 아무것도 하지 않은 것보다 프로젝트를 추진해서 실패하는 것이 훨씬 낫다는 사실이다. 설령 실패해도 자신의 경험으로 축적돼 나만의 자산이 되기 때문이다. 물론 이러한 토대는 CEO의 전폭적인 지원이 뒤따를 때 조성될 수 있다.

최첨단 마케터의 필요조건은,

첫째, 3C 마인드를 겸비해야 한다. 지금은 격동의 시대다. 디지털 시대를 맞아 기업 경영환경에서 지식이나 혁신이란 단어는 이미 진부한 말이 돼버렸다. 하루에도 수십 개의 신제품이 출시되거나 소멸한다. 마케터라면 시장 환경변화를 리드할 수 있는 안목을 지녀야 한다. 변화를 예측하고 자신의 업무와의 유기적인 관련성을 파악해 대처하는 자세가 필요하다. 구태와 관행을 답습하지 말고 디지털 변화를 선도하면서 게임의 룰을 지배하려면 마케터는 변화Change와 창의Creative, 도전Challenger으로 무장해야 한다.

둘째, 업무에 대한 경험 축적이다. 신입사원이 마케팅 부서에 입사할 때마다 선배들은 참신한 아이디어를 주문하지만 그들이 제안한 아이디어는 깊이가 부족하다. 실무 경험이 없기 때문이다. 신선하기는 해도 실현가능성이 적은 경우가 많다. 실무 경험이 쌓여야지 비로소 기발한 아이디어가 발현되기 시작한다.

어느 날 사업을 시작한 대학 교수로부터 전화를 받았다. 신문에 전면 컬러로 광고를 집행하려고 하는데 그것이 정말로 효과가 있냐는 물음이었다. 학교에서야 광고에 대해 가르쳤지만 정작, 1억 원이 투입되는 신문광고의 효과를 잘 모르겠다는 것이다. 이처럼 이론과 실전은 엄밀히 다르다. 자신이 몸담고 있는 직장에서 하루하루 누적되는 경험이야말로 최고의 자산이다. 이것이 쌓이면 엄청난 내공으로 축적된다. 경험이야말로 직관력Intuition과 통찰력Insight의 근간으로 마케터에겐 절대적으로 필요한 동물적 감각이다.

셋째, 마케터라면 숫자에 대한 감이 필수다. 기업에서 마케터의 목표는 명확하다. 그것은 담당 브랜드에 대한 매출액과 목표한 수익 창출이다. 이러한 각각의 브랜드 목표가 모여서 기업의 전체목표를 형성한다. 마케터는 광고비 지출에 따른 시장 점유율과 브랜드 인지율 등을 조합해서 평가해야 한다.

넷째, 최신 트렌드를 따라잡아야 한다. 최근의 경우 상상을 초월하는 디지털 기술의 발전과 변화의 속도를 말한다. 인공지능과 로봇공학, 사물인터넷은 물론 이들이 마케팅 환경에 미치는 영향을 어느 누구보다도 하루빨리 캐치할 필요가 있다.

4차 산업혁명이란 정보통신기술의 융합으로 이뤄지는 차세대 산업혁명으로, '초연결', '초지능', '초융합'으로 대표된다. 다시 말해 인공지능과 사물인터넷, 로봇기술, 드론, 자율주행차, 가상현실 등이 주도하는 차세대 산업혁명을 일컫는 말이다. 이전의 1차(증기기관과 기계화), 2차(전기에 의한 대량생산), 3차(컴퓨터 정보화&자동화) 산업혁명이 세계적 환경을 혁명적으로 바꿔 놓은 것처럼 4차 산업혁명은 세계 질서를 엄청나게 변화시킬 것이다. 이러한 변화는 기업들의 마케팅 환경에 절대적으로 영향을 미칠 수밖에 없고, 이에 부응한 마케팅 전략을 미리 예측하고 펼쳐나가야만 한다.

정보에 대한 접근이 쉽게 가능해진 스마트폰 시대에 마케터 역량은 기업 경쟁력의 원천이다. 자본력과 시간을 어느 기업이 많이 가졌느냐는 과거와 달리 지금부터는 스마트폰을 보유한 똘똘해진 고객들에게 정보접근이 용이하도록 설계하는지에 대한 두뇌싸움이다. 마케팅은 판매 스킬이라는 영업지향적인 시대가 끝난 지 오래다. 고객이 진정으로 중심이 되는 디지털 세상이 본격적으로 도래했다.

기획 보고서
쓰는 법

음식을 잘 만드는 사람들에겐 공통점이 있다. 많은 견해가 있겠지만 대체로 음식을 빨리 만든다. 회사에서 일을 잘하는 사람들의 공통점도 마찬가지다. 대체로 속도가 빠르다. 어려워 보이는 일도 그들에게 맡기면 어디서, 어떻게 정보를 구했는지 만족스럽게 척척 보고서를 제출한다.

반대로 일 못하는 사람들의 공통점은 느리다. 상사들이 답답해 보고서를 먼저 찾을 때면 조금만 더 시간을 달라고 아우성이다. 그때부터는 아무리 잘해도 70점이다. 상사들이 부탁한 자료를 찾기도 전에 먼저 제출하는 유능한 사람이 이미 90점을 먹고 들어가는 것과 극명하게 대조를 이룬다.

경영자들이 마케터의 기획역량을 높게 평가하는 이유는 1,000억 원짜리 사업도 기획서 품질에 따라 사업이 추진 또는 보류되기 때문이다. 이처럼 마케터 역량에서 기획력은 절대적으로 중요하다. 마케터가 기획력을 강화하기 위한 방안으로는 아이디어가 떠오를 때 자발적으로 기획서를 작성해 상사들에게 제안한 다음에 역량을 평가받는 것이다. 상사에게 적극적인 모습을 어필하는 동시에 기획력도 향상시킬 수 있다. 상사라면 누구나 부하직원이 시키지도 않았는데 스스로 작성해온 기획서를 긍정적으로 평가할 것이다. 인사고과의 밑거름으로 작용할 가능성이 높다.

기획역량 강화를 위해서는 탁월한 상사에게 업무를 배워야 한다. 수년이 흐른 뒤에 상사의 모습을 그대로 닮을 수 있다. 이전과 달리 컴퓨터로 문서화된 작업을 진행하고 있는 디지털 시대에 남들이 작성한 잘된 기획서로 훈련하는 것은 아주 쉬운 일이다.

기획서가 독창성을 가지려면 아이디어와 전략적 사고를 반영하는 것이 좋다. 기획의 근간은 콘텐츠다. 제대로 목차는 마치 물이 흘러가듯이 자연스럽게 흐름을 잡아줄 뿐만 아니라 기획자가 객관적인 시각을 놓치는 것을 막아줄 수 있다. 반대로 어설프게 수립된 콘텐츠는 기승전결이 불명확해 보는 이로 하여금 호소력도 떨어진다.

콘텐츠를 어떠한 재료로 어떻게 구성할지에 대한 밑그림을 그린 다음에는 최종보고일에 맞춰 중간보고 일정도 확정하는 것이 좋다. 논리적 근거를 뒷받침해줄 수 있는 정보를 많이 확보하는 것은 기본이다. 문서를 작성할 때는 앞에서부터 순차적으로 채우려 하지 말고 앞뒤를 오가면서 전체적으로 채워나가는 것이 좋다.

기획서를 작성하는 사람과 보고 받는 사람은 하늘과 땅 차이로 다른 입장 차이를 보인다. 작성하는 사람이 많은 시간과 노력을 투입하는데 비해 의사결정권자들은 매일 수십 건의 보고서를 읽어야만 한다. 이러한 상황에서 목적성이 결여된 보고서를 받는 상사 입장이 어떠할지 너무도 자명하다. 내용이 장황하고 초점이 불명확하면 읽기조차 싫고 화가 치밀어 오를 것이다. 보고서를 작성하는 사람은 보고 받는 사람의 마음을 읽어야 한다. 즉, 보고를 받는 상사의 입장에서 보고서를 작성하는 것이다.

기본에 충실하지 않은 기획서는 어떠한 유형을 말하는 것일까? 무엇보다 기본적인 틀이 갖춰져 있지 않은 보고서다. 보고서는 대체로 기본적인 양식이 있다. 마케팅 기획서의 경우 시장 현황과 전략 방향 등과 같은 기본적인 콘텐츠를 말한다.

기본을 망각한 보고서에는 핵심 콘텐츠가 누락돼 있고 순서도 엉망인 경우가 많다. 심지어 보고서의 제목이나 목차를 보고도 무슨 내용인지 잘 모르는 경우도 있다. 기본적인 육하원칙이 누락되고 곳곳에 오탈자가 발견된다면 보고서가 채택될 리 만무하다.

특히 내용을 장황하게 양으로 승부하겠다는 생각은 금물이다. 보고서는 간결할수록 좋다. 같은 내용을 반복하거나 문어체인지 구어체인지 헷갈리게 하는 글쓰기는 지양해야 한다. 이러한 보고서의 특징은 표현이 모호하여 내용 파악이 어렵고 자기주장만 나열하는 경향이 있다.

전략적인
CEO가 필요하다

자신의 분야에서 독보적인 경쟁력을 갖춘 기업들에게는 공통점이 있다. 철학이 확고한 CEO가 있었다. 세계 최고 기업인 GE(잭 웰치Jack Welch)를 시작으로 애플(스티브 잡스Steve Jobs)이나 마이크로소프트(빌 게이츠Bill Gates), 페이스북(마크 저커버그Mark Zuckerberg)과 국내 기업으로는 삼성전자(이건희)나 현대자동차(정몽구), CJ(이재현), 유한킴벌리(문국현) 등이다. 이미 보도된 수많은 언론기사에서 밝혀졌듯이 이들의 화려한 성공 신화의 이면에는 마케팅적으로 고민했던 전략적인 CEO가 있다.

기업은 살아 있는 시스템이다. 급변하는 시장 환경에 대처하면서 지속 가능한 성장을 실현하기 위해서는 항상 깨어 있어야만 한다. 펄떡이는 물고기처럼 조직 전체가 살아 꿈틀거려야 한다는 말이다. 기업은 CEO를 중심으로 재무나 인사, 마케팅, 영업 이외에도 R&D나 생산, 구매 등으로 조직돼 있다. 기업이 추구하는 목표를 좀 더 조직적으로 달성하려는 목적에서다. 이러한 본부 단위 조직을 좀 더 세분화해 들어가면 팀이나 파트 단위로 구분되고, 모두가 사람으로 구성된 집합체다. 그러므로 기업의 모든 문제의 원인과 해답은 사람에게 있다. 이러한 원칙은 어떠한 기업을 막론하고 적용되며 4차 산업혁명 시대에도 결코 예외일 수 없다.

개인의 인품을 결정하는 것은 자신이지만 조직에서 팀 컬러를 결정하는 것은 팀장이다. 팀장의 능력과 스타일에 따라 팀의 분위기는 완전히 달라진다. 팀이 모여 만들어진 사업본부의 경우 본부장의 리더십이 분위기를 결정한다. 그렇다면 기업에서 조직의 전체문화와 컬러를 결정하는 핵심인물은? 당연히 CEO이다.

최고경영자의 경영철학이 곧, 기업의 문화와 스타일을 결정한다. 개성을 존중하고 상대적으로 분위기가 자유스러운 외국기업과 비교할 때 국내 기업에서 CEO 역할은 절대적이고 막강하다. 여기에 두 가지 중대 변수가 있다. CEO의 출신부서와 전문경영인의 여부다. CEO 출신이 기술이 중시되는 R&D 부서냐, 현장을 중시하는 영업부냐 또는 자금 흐름이 중시되는 재무냐에 따라 기업의 경영전략도 크게 달라질 수 있다. 특히 해마다 경영성과를 평가받아야만 하는 전문경영인과 이로부터 비교적 자유로운 오너 사장이냐는 문제도 기업문화 형성에 결정적인 영향을 미친다.

디지털 혁신도
CEO로부터 시작된다

시장 환경이 급변하고 경쟁이 치열해지면서 의식 있는 CEO들 사이에 공통된 견해가 있다. 마케팅 전략이 기업의 생존을 결정하는 '핵'이라는 공감대다. 마케팅 목표가 곧, 기업의 경영목표가 되는 상황으로 치닫고 있다. 이처럼 마케팅이 경영의 화두로 떠오른 이유는 간단하다. 수요가 공급을 초과하던 과거 '100인 1색 시대'에서 '1인 100색 시대'로 소비자 욕구가 다변화되면서 기업 간 생존을 건 치열한 경쟁이 국경이나 사업 영역을 초월해 펼쳐지고 있기 때문이다.

의식 있는 CEO라면 마케팅 전략이 생존을 위한 선택이 아닌 필수적 수단임을 인지한다. 그러다보니 마케팅 지향적인 기업에서는 부서를 막론하고 모든 임직원들이 고객의 가치창출을 위한 고객지향 마인드로 무장돼 있다. 과거에는 독자적으로 영업이 가능했을지 몰라도 지금은 마케팅 지원 없는 영업은 생각조차 힘들다. 모든 정보가 오픈되고 있는 스마트폰 시대를 맞아 마케팅 패러다임이 고객의 집게손가락의 향방으로 급격히 재편되고 있다. 고객들이 스마트폰을 활용해 정보를 탐색하는 경로를 공략하는 마케팅에 모든 역량을 집중할 때이다.

지금까지 디지털에 효과적으로 적응하고 대처하는 기업들을 둘러

보라. 그 중심에는 디지털 환경을 이해하는 철학이 확고한 CEO가 있다. 4차 산업혁명의 시작점은 디지털이다. 이제는 어떤 기업도 디지털 환경을 고민하지 않고서는 생존하기 힘든 시대가 되었다. 디지털은 저성장의 시대를 살아가는 모든 기업의 CEO들이 진지하게 고민해야 할 마케팅의 핵심과제로 기업의 생존을 결정하는 필수 관문임을 부정할 사람은 아무도 없을 것이다.

디지털 혁신을 꾀하는 기업들이 많지만 디지털에서 만족할 만한 성과를 창출하는 기업은 의외로 많지 않다. 낡은 사고방식과 사업관행에서 탈피하지 못하고 말로만 혁신을 외치기 때문이다. 진정한 차원에서의 디지털 혁신은 CEO부터 생각의 틀을 획기적으로 전환해 창조적 모험을 강행하는 것이다.

지금은 전통적인 사업의 모델만으로는 시장에서 살아남기 힘들게 되었다. 4차 산업혁명 시대를 맞아 대부분의 CEO들도 이런 점을 충분히 인식하고 있지만 디지털 혁신은 말처럼 그리 쉬운 문제가 아니다. 과거의 사업관행이나 낡은 사고방식을 쉽게 버릴 수 없기 때문이다. 가트너 조사 결과에 따르면 CEO 가운데 82퍼센트가 디지털 혁신을 계획하고 있지만 사업모델을 밑바닥부터 변화시키겠다는 사람은 22퍼센트에 불과한 것으로 나타났다.

구글이나 아마존 등과 같이 디지털 사업이 핵심인 소수의 기업들을 제외하고, 디지털 기술을 기반으로 사업성과를 끌어올린 기업이 지극히 미약한 이유도 여기에 있다. 하지만 디지털 사업에서 실질적인 성과를 거두려면 CEO부터 생각을 바꿔야만 한다. 낡은 생각을 과감히 버리고 새로운 패러다임을 과감하게 수용하라. CEO가 디지털을 IT의 확장일 뿐이라고 생각하거나 디지털을 전자채널을 통한 마케팅, 클라우드, 차세대 인프라 정도로 생각하는 것은 참으로 무지한 발상이다.

최근 금융권에서 디지털경영에 속도를 내면서 성공적으로 사업을 이끄는 CEO가 있다. 허인 KB국민은행장이다. 그는 금융권에서 디지털 신기술 역량을 바탕으로 4차 산업혁명 시대를 주도해 나가고 있다. 단순히 기술만 발전시키는 것이 아니라 고객과 직원들에게 더 나은 경험을 전해주는 것을 목표로 고객보다 더 먼저인 가치가 없다는 기치 아래 고객의 행복과 미래를 위해 손바닥 정맥 인증이나 무인점포, 통신·금융 융합 스마트폰 서비스 등 다양한 디지털 서비스를 실험하면서 신기술 도입을 예고하고 있다.

'The K 프로젝트'를 고도화해 디지털 경쟁력을 더욱 강화시키는 한편 해외진출 속도를 높여 리딩뱅크로서의 입지를 강화한다는 전략이다. 이들이 통신·금융 융합으로 알뜰폰인 리브엠을 기점으로 IT 특화 지점인 인사이트 지점, 무인점포 등으로 속도를 높일 수 있었던 이유는 디지털에 기반을 둔 마케팅 철학이 확고한 은행장이 선봉에서 진두지휘를 하고 있기 때문이다.

삼성을 꺾은
유일한 CEO

국내를 대표하는 영원한 맞수 현대와 삼성에 대해 느끼는 소비자들의 이미지는 크게 다르다. 왜 그럴까? 제일제당이나 제일모직과 같이 소비재(B2C)에서 사업을 시작한 삼성은 마케팅이 무엇인지를 정확히 꿰뚫고 있었다. 반면 건설이나 중공업 같이 선이 굵은 인프라 산업(B2B)에서 출발한 현대는 제품을 견고하게 만드는 데 집중했다. 대한민국 건설사의 주역임에도 현대건설의 '힐스테이트Hillstate'는 아파트 브랜드파워에서 삼성 '래미안Raemian'에게 크게 밀리고 있다. 대부분 사업 분야에서 마케팅 지향적인 삼성이 앞서온 것이다.

삼성과 현대의 고착화된 방식을 무너트리고 새로운 역사를 쓰고 있는 분야가 있다. 국내 신용카드 시장에서 돌풍을 일으킨 현대카드다. 삼성카드에 비해 12년이나 늦은 시장진입에도 불구하고 삼성카드를 따라잡은 것이다. 이것은 마케팅 신화에 가깝다. 도대체 어떤 방법으로 이들은 기라성 같은 경쟁사를 제압할 수 있었을까? 다름 아닌 차별화된 마케팅 전략의 승리로 그 이면에는 철학이 확고한 정태영 사장이 있다.

보랏빛 소가 되라는 마케팅원론에서 말해주듯 시종일관 '리마커블'이 아니면 그저 다른 하나One of them가 돼 시장에 묻힐 수 있다. 차별화 전략으로 고객의 머릿속을 지속적으로 공략할 때 고객 마음이 움직이기 시작한다. 현대카드가 그랬다.

국내에 신용카드 상품은 제휴카드를 포함해 5,000여 종이 넘는다. 업계 종사자들조차도 기억하기 힘든 숫자다. 하물며 고객들은 오죽하겠는가! 현대카드는 여기에 26개 알파벳이라는 브랜드를 도입했고 이를 고급 디자인으로 만들었다. 눈에 띄는 커뮤니케이션으로 정확하게 전달하고, 적재적시 이벤트로 시너지를 극대화했다. 현대카드의 혁신은 남들이 가지 않았던 특별한 길을 고집한 데서 발원한다. 그들은 게임의 룰을 지배할 수 있는 원칙을 파악하고, 소비자 인식을 한 박자 빠르게 공략하면서 리더십을 확보한 것이다.

현대카드 변화의 시작은 경영철학이 확고한 정태영 사장이 취임하면서부터다. CEO의 특별한 마케팅 철학이 곳곳에 주입된 것이다. 그는 초지일관 현대카드다움의 추구를 강조한다. 현대카드다움이란 TV 속에 보이는 기발한 광고나 디자인, 이벤트에서 표출되는 신선한 이미지 같지만 그 본질은 다르다. 감성 마케팅 이면에 숨겨진 과학적이고 다른 회사와 차별화된 역동적인 기업문화가 현대카드다움의 실체다.

시장에서 후발사가 선발사를 따라잡고 리더십을 구축하는 것은 대단히 어려운 일이다. 다양한 요건들이 맞아 떨어지고 치밀한 전략이 뒷받침될 때 가능하다. 모든 기업이 타사와 차별화를 시도하지만 결코 쉽지가 않다. 단기간에 달성할 수 있는 것도, 하나의 획기적인 아이디어로도 불가능하다.

　마켓 리더십은 전사적인 차원에서 CEO의 전폭적 지원과 체계적인 마케팅 전략 그리고 공격적인 투자라는 3박자가 맞아 떨어질 때 가능하다. 여기에 일사불란한 임직원들의 혁신적인 아이디어를 가세시킨다. 이것이 바로 시장에서 게임의 룰을 지배할 수 있는 원칙이자, 원동력이다. 마켓 리더십은 오히려 치열한 시장일수록 빛을 발하는데 춘추전국시대에 많은 영웅이 출몰하는 것과 같은 이치다.

　국내 신용카드 시장의 경쟁 강도는 세계가 인정할 만큼 치열하다. 세계 4위의 신용카드 강국으로서 카드발급 수만 해도 1억 장이 넘고, 전국적으로 분포한 200만 개의 가맹점에서 하루 1,300만 건 내외로 결제가 진행되고 있다. BC카드를 시작으로 대형 시중은행과 대기업 계열 카드사 그리고 대형 가맹점에서 발행한 제휴카드 등으로 복잡하게 얽혀 있다. 이런 상황에서 후발사가 마켓 리더십을 확보하는 것은 그리 쉬운 일이 아니었다. 더군다나 국내 신용카드 시장은 카드대란 이후에 정부의 규제도 심각한 상황이었다. 이러한 악조건을 극복한 현대카드의 전략은 의외로 간단했다. 이슈메이커가 돼 게임의 룰을 깨면서 튀는 마케팅 전략을 진행했다. CEO를 중심으로 보랏빛 소가 돼 체계적인 마케팅 전략으로 고객들의 머릿속을 집중적으로 공략한 것이다.

잘나가는 기업의
3가지 핵심역량

시장이 성숙할수록 경쟁구도는 선명해진다. 리더와 도전자, 추종자 그리고 틈새시장을 공략하는 니처를 비롯한 군소업체로 고착화 된다. 이러한 시장구도는 크게 2가지 국면에서 발생한다.

첫째는 대등한 수준의 경쟁사가 비슷한 시점에 핵심역량을 무기로 시장에 진입하면서 시장을 키워나가는 경우다. 이때 제3의 경쟁사나 군소업체가 미투 전략으로 진입하면서 전체 시장이 확고한 카테고리로 자리 잡는 경우다. 이때는 시장 진입 순서가 곧 시장에서 힘의 우위가 되고 후발사가 선발사를 따라잡기 위해서는 선발사들이 집행한 마케팅 비용의 3배 이상을 공격적으로 투자해도 쉽지가 않다. 거의 불가능에 가깝다는 말이다. 대부분 성숙해진 가전이나 식품, 생활용품, 화장품 등의 시장이 여기에 속한다.

둘째는 열세한 기업이 기존에 없던 블루오션 시장을 독자적으로 개척한 경우다. 오랜 기간에 걸쳐 시장을 키우고 독점적으로 시장을 향유할 때 대기업들이 후발로 진입해서 공격적인 마케팅을 펼칠 때다. 이러한 현상은 업종을 불문하고 전반에 걸쳐 일어나고 있다. 이를 방어하기 위해서는 오히려 잘 나갈 때 핵심역량을 강화하면서 적극적인 공세를 펼쳐야 한다. 안타깝게도 이를 실행하지 못하고 도태

되는 기업이 있고, 반대로 자사만의 핵심역량으로 시장에서 혁신을 일으키는 기업도 있다.

기업이 시장지배력을 강화하기 위해서는 핵심역량이 반드시 필요하다. 이러한 핵심역량을 간파할 수 있는 CEO의 안목과 마케팅 역량이 선행돼야만 한다. 핵심역량이란 자사만이 보유한 내부역량으로서 경쟁사와 차별화될 뿐만 아니라 사업성패를 좌우하는 결정체로서 다양한 형태의 유무형자원을 말한다. 이것은 사용한다고 해서 쉽게 사라지는 것이 아니라 오히려 지속적인 활용을 통해 더욱 강화시킬 수 있다.

경쟁 기업과 비교해 핵심역량이 되기 위한 조건으로는 첫째, 경쟁사대비 차별적 경쟁우위가 있어야 한다. 단순히 특정 기업이 잘하는 활동을 의미하는 것이 아니라 경쟁사와 비교한 상대적인 우위를 말하고 무엇보다 이것을 고객들이 인정해줘야 한다.

둘째, 경쟁사가 쉽게 모방할 수 없는 희소성이 있어야 한다. 개별 기술은 물론 다양한 경영자원과 조직역량에 의해 복합적으로 믹스돼 구성되고 집단적으로 공유될 때 핵심역량에 대한 경쟁사의 모방이 어렵다. 자사만의 특별한 자산으로 구축될 때 효율성은 배가된다.

셋째, 핵심역량은 새로운 가치창조에 기여하고 다른 사업으로의 확장가능성이 있어야 한다. 고객의 가치를 높이거나 사업을 다각화, 신상품개발 등에 적용함으로서 독특함을 유지하는 것이다.

이러한 3가지 핵심역량의 필요조건을 충족하는 기업만이 시장지배력을 강화하고 사내 전반에 마케팅 철학을 구축할 수 있다. 이것은 마치 물이 위에서 아래로 흘러가는 것처럼 CEO로부터 마케터들의 DNA에 철학이 주입되고 마케팅 혁신으로 자연스럽게 이어질 수 있다. 이를 보유한 기업이 여성용품 시장에서 독보적인 경쟁력을 가진 유한킴벌리이다.

이들은 유아용품과 여성용품 카테고리에서 과반수의 시장점유율을 유지하고 있다. 다수의 경쟁 브랜드를 제압하면서 대학생들이 가장 선호하는 직장으로도 유명하다. 이들의 성과가 대단한 것은 세계 최강의 마케팅 기업으로 알려진 P&G를 시작으로 국내 생활용품 시장의 리더인 LG생활건강과 다수의 유명 브랜드를 선도하고 있다.

그렇다면 이들의 '화이트' '하기스' '크리넥스' 같은 1등 브랜드들의 성공비결은 과연 무엇일까? 대답은 의외로 간단하다. 문국현이라는 걸출한 CEO때문이다. 그의 강력한 리더십 하에 마케팅적으로 시장에서 리더십을 구축한 것이다. 경쟁사보다 한 박자 빠른 마케팅 전략과 지속적인 브랜드 관리를 통해 여성용품이라는 핵심역량에서 주마가편走馬加鞭을 실행으로 옮겼다. 세계 1등 마케팅 기업이라는 P&G가 시장에서 힘을 못 쓰고 것도 어쩌면 당연한 일일지 모른다.

마케팅이 잘나가야
기업도 잘나간다

마케팅의 중요성이 강조되는 이유는 치열한 경쟁 때문이다. 수많은 기업들이 시장에서 라이벌 관계에 놓여 있다. 디지털 컨버전스와 맞물려 경쟁의 장벽도 이종업종으로 심화되고 있으며 국경을 초월해 전 세계적으로 극심해지고 있다. 기업 간 경쟁이 전 산업분야에 걸쳐 일어나고 있는가 하면 동시에 상생을 추구하는 적과의 동침도 전개되고 있다. 시장에서 기업 간 경쟁을 압축해보면 결국, 마케터들 간에 벌어지는 치열한 아이디어 싸움으로 요약된다. 시장에서 상품력이 서로 엇비슷하다면 어차피 승부는 마케팅에서 판가름 난다.

원료의 동질화와 생산방식의 표준화 그리고 국경이 무의미한 글로벌화의 급속한 진행에 따라 대부분의 시장은 성숙했다. 치열한 경쟁에서 열쇠를 쥐고 있는 사람은 다름 아닌 고객이란 사실을 의식 있는 CEO들은 간파하고 있다. 모든 마케팅 의사결정의 정중앙에는 고객이 위치한다. 이러한 고객의 중요성에도 기업에서 마케팅 전략을 수립할 때는 정작, 고객의 혜택을 간과한 채 기업의 입장만을 고려하는 경향이 있다. CEO가 마케팅 철학을 망각했기 때문이다. 마케팅은 고객과 기업의 입장을 적절하게 절충시키는 것이다.

기업에는 3가지 부류의 고객이 있다. 역량 있는 CEO라면 이러한 고객의 개념을 제대로 파악하고 있다. 가장 먼저 기업을 구성하고 있는 1차 내부고객인 '임직원들'이다. 2차 고객은 자사와 거래하고 있는 협력업체의 간접구성원들이고, 마케팅에서 흔히들 말하는 '고객'이 3차다. 이들의 중요도를 말한다면 당연히 1차, 2차, 3차 고객 순이다.

이들을 통해 마케팅 책에서 말하는 3차 고객에게 자사의 상품이나 서비스가 전달되기 때문이다. 스마트한 CEO들은 1차 고객인 임직원들부터 마케팅 역량을 강화하고 만족시킨다. 이후 관계를 맺고 있는 2차 고객사인 협력업체와도 파트너 관계를 공고히 다져나간다. 이러한 경영철학을 토대로 3차 고객에게 경영철학이 전달된다. 이것이 바로 역량 있는 CEO의 필수조건이요, 기업 경쟁력의 원천적 힘이다.

기업에서 마케팅이 중요한 결정적인 이유는 숫자를 책임지는 부서이기 때문이다. 기업은 숫자에서 시작해 숫자로 끝난다. 다양한 숫자들 중에서 핵심지표라 할 수 있는 매출액과 손익은 마케팅에서 전담한다. 현업에서 매출액이 마케터의 인격으로 통하는 이유도 여기에 있다. 물론 특정지역이나 채널을 맡고 있는 영업부의 역할도 매출액과 긴밀한 관계가 있다. 하지만 현장에서 고객의 의사결정을 좌우하는 근원적인 힘도 결국은 브랜드 리더십으로부터 나온다. 마케팅의 궁극적 지향점은 브랜드 리더십이고, 이것이 매출액으로 승화되는 것이다.

기업에서 마케팅 부서는 매우 광범위하고 다양한 과업을 수행한다. 마케팅의 역할을 굳이 명시하자면 기업의 얼굴이자 R&D의 총체적인 결실이라 할 수 있는 상품개발을 담당한다. 영업을 지원하기 위한 판매촉진 활동, 고객과의 커뮤니케이션을 목적으로 한 광고홍보, 신규 고객을 비롯한 기존 고객 관리를 위한 CRM, 브랜드 관리를 위한 시장조사 등을 수행하고 있다. 서비스업종에 종사하는 임직원 과반수는 마케팅 업무에 종사한다.

CEO가 마케팅의 큰 그림을 그릴 때 가장 크게 고려할 점은 무엇일까? 기업마다 처한 환경이 다르겠지만 마켓 리더십을 확보하려면 시장의 판을 깨고 치고 나가는 전략을 구사해야만 한다. 즉 남들보다 한발 앞선 혁신적인 프로그램을 도입해 시장을 장악하는 것이다. 한발 앞서 시장에서 주도권을 잡아야 한다. 고객의 머릿속을 선점하기 위한 목표가 본 전략의 핵심으로 시장에서 고객들의 심리부터 장악하라는 말이다.

광고는 물론 브랜드 전략, CRM, 신상품 출시 등과 같은 마케팅 전략뿐만 아니라 전략적 제휴, 인사정책 등에서도 타사보다 한 박자 빠르게 혁신을 선도하자. 이러한 다양한 활동들이 CEO를 중심으로 초점이 맞춰지고 일사분란하게 움직일 때 자사에게 유리한 시장기조가 형성된다. 여기서 경쟁사와 진검 승부를 펼칠 때 비로소 시장에서 주도권을 잡을 수 있다. 이것이 바로 마켓 리더십의 핵심이고, 마케팅 전략의 요체다.

시장에서의 리더는 가급적 시장의 판을 유지하려는 정책을 고수한다. 전략적 과오는 전술적인 노력으로 보상되지 않기 때문에 모험을 회피하려 든다. 경쟁사의 반격에 소극적인 자세로 대처하는 경향이 있다. 여기서 허점을 노려야 한다. 후발사의 CEO는 이러한 리더의 특성을 파악하고 자사의 강점을 발굴해 집중적으로 공략할 필요가 있다. 시장에서 이슈메이커를 자청하며 경쟁사들을 자신이 의도한 영역으로 유도함으로써 시장을 확대해나가는 전략이다.

CEO가 가장 초조할 때는 경쟁사가 시장에서 혁신적인 제품을 개발해 '無의 시장'을 창조하거나 개척할 때다. 튀는 마케팅 전략으로 급속하게 시장이 성장이라도 하는 날이면 대부분 CEO들은 안달이 날 수밖에 없다. LG전자가 국내 의류관리기 시장에서 '스타일러'란 브랜드를 세계 최초로 출시해 시장을 성공적으로 개척할 당시에 삼성전자 CEO의 다급했을 마음이 충분히 짐작이 간다.

이럴 때 대부분 기업들은 차별화 전략보다 '미투' 제품을 출시함으로써 초기 시장형성에서 오히려 경쟁사를 도와주는 역할을 한다. 마케팅 지향적인 CEO라면 이러한 구태를 과감히 탈피하고 차별화할 수 있는 프론티어 정신이 필요하다. 삼성전자가 LG전자와의 차별화를 통해 개발한 '에어드레서'처럼 말이다.

기업에는 반드시 전사적인 차원에서 핵심지표를 관리하는 부서가 필요하고, 이러한 역할을 마케팅 부서에 맡겨야 한다. 의식 있는 CEO라면 이를 어느 누구보다도 잘 알고 있다. 기업 간 경쟁을 전쟁에 비유한다면 전쟁에서 승리하기 위한 전반적인 전략과 전술을 계획하고 집행하는 전략부서가 필요한 것처럼 기업에서도 시장에서 살아남기 위해서는 반드시 전략을 수립하고 집행하는 마케팅 부서가 절대적으로 필요하다.

대부분 정보가 오픈되고 손가락 하나로 검색이 끝나는 디지털 시대에서 기업의 수장인 CEO에게 요구되는 역량은 무엇일까? 디지털 마케팅에 대한 이해와 진정성으로 무장한 마케팅 전략이다. 얄팍한 상술로 고객을 우롱하거나 기만하는 시대는 끝났다. 온라인에서 영향력이 큰 파워블로거나 인플루언서 등을 활용해 의도된 글을 작성하고 이를 통해 고객들의 반응을 이끌어내는 기법은 똑똑해진 고객들을 기만하는 한물간 마케팅 전술로 전락한지 오래다. 시대가 변하면 마케팅 전략도 변해야 한다. 그래야지 기업이 시대적 흐름에 뒤쳐지지 않고 생존할 수 있다.

Part 2
마케팅 전략의 고도화

숫자가 아닌
전략에 집중하라

지금도 시장에서 확고한 입지를 구축하고 있는 신제품이 출시될 당시에 가평에 있는 대명콘도로 워크숍에 들어갔다. 토론 주제는 출시를 앞둔 '2080 Total치약'을 히트시킬 수 있는 기발한 아이디어를 찾으라는 CEO의 특명이었다. 6개의 마케팅 팀 전원과 광고대행사 AE, R&D 등 60여 명이 참석한 대형 이벤트였다. 그만큼 회사에서도 사활을 건 중대한 브랜드였다. 당시 애경은 팀별로 6개의 광고대행사를 운영하고 있었고, 브레인스토밍brainstorming도 6개의 팀으로 나뉘어 진행되었다. 대행사가 모두 다르다보니 자존심을 건 AE들 간에 사투가 시작된 것이다.

하지만 회의에 참석한 나는 불만이었다. 경쟁사인 'LG생활건강'이 이미 '죽염'이란 브랜드로 '죽염 Total', 태평양도 '메디안 Total'을 출시한 상황에서 애경이 '2080 Total'로 가는 것은 스스로가 3위임을 자처하는 미투 전략에 불과하다는 이슈를 정면으로 제기했다. 같이 참석한 AE와 마케터들도 동의했다. 발표자로 나선 나는 '2080 Total' 치약 판매를 위한 아이디어가 아닌 'Total'을 삭제하고, 그냥 '2080치약'으로 네이밍을 변경하는 전략을 제시했다. 그것은 파격이었다. 다른 5개 팀이 프로모션 아이디어를 낸 것과는 달리 이미 시생산에 착수한 브랜드 명의 수정을 제시했으니 '갑을박론'이 무척 심했다.

전략은 간단했다. 경쟁사들이 이미 선점한 콘셉트를 모방한 브랜드 명으로 출시한다면 똑똑한 소비자들은 이를 아류작으로 판단하기 때문에 실패할 수밖에 없다는 논리였다. 마케팅을 조금이라도 아는 사람이라면 대체로 공감하는 전략이었다.

발표가 진행되는 동안에 치열한 논리 싸움이 전개되면서 분위기가 냉각되었다. 마케팅 본부장은 내 의견을 적극적으로 지지했지만 이미 이름을 확정해 시생산에 착수한 사업부장은 반대했다. 동료들은 내가 발표한 전략에는 동의하면서도 회사가 정해준 아이디어가 아닌 전략을 언급해버린 방식에는 곱지 않은 시선을 보냈다. 워크숍에서 결정을 내리지 못하고 의사결정권이 결국 CEO에게 넘어갔다. 마침내 회사는 제품의 디자인개발에 투자된 비용을 포기하고 '2080치약'으로 출시하라는 결정을 내렸다. 이후 '2080'은 시장에서 돌풍을 일으켰다. 마케팅에서의 전략 방향, 즉 구체적인 숫자가 아닌 큰 그림의 중요성을 여실히 보여준 사건이었다.

최초가 최고가 된다
(The first is the best)

마케팅 전략에서 가장 중요한 전략 방향을 꼽으라면 나는 주저 없이 '최초'라는 단어를 선택하겠다. 마케팅 전반에서 꼬리표같이 따라다니는 최초의 중요성은 이루 말할 수 없다. 최초가 곧 1등이 되기 때문이다. 국내 대부분의 시장은 공급이 수요를 초과한 성숙시장에 진입해 있다. 제조업은 물론 유통업과 서비스업에 이르기까지 전 산업 분야에 걸쳐 형성된 공통된 현상이다. 설상가상으로 막대한 자금력과 선진마케팅 기법으로 무장한 다국적기업과 저가격을 내세운 중국산에 이르기까지 제로섬 게임이 무자비하게 전개되고 있다.

치열한 경쟁 환경에서 미투 전략으로는 결코, 성공할 수 없다. 최초로 마케팅을 실행하라. 시장에 가장 먼저 들어간 상품이나 마케팅 전략, 프로모션, 이벤트 등이 시장에서 1등이 된다. 이것은 마케팅 세계에서 변함없는 철칙이다. 대표적인 사례가 새벽배송에서 신화를 쓰고 있는 마켓컬리다.

마켓컬리가 새벽배송 서비스를 선보인 이후에 SSG닷컴과 롯데아이몰, 쿠팡 등과 같은 공룡기업들이 새벽 배송 대열에 합류하며 공격적인 마케팅을 전개하고 있다. 스타트업으로 시작한 마켓컬리는 '샛별배송'이라는 기발한 새벽배송 서비스로 차별화를 시도했다. 이를 필두로 물류와 유통 시장에서 사업모델을 검증받고 잠재력까지 인정받아 2,000억 원대의 투자금도 유치했다. 신선 식품을 새벽에 배송해주는 국내 최초의 서비스는 아마존도 성공하지 못한 사례로 국내의 탄탄한 물류 기반과 IT기술, 빅데이터 기술이 결합된 기적으로 불린다. 이들이 기라성 같은 경쟁사들의 시장참여를 이끌면서 시장 확대를 꾀할 수 있었던 이유는 누구도 생각하지 못한 '새벽배송'이라는 역발상에 기반을 둔 최초의 콘셉트에 있다. 모바일 시대에는 누구나 기발한 아이디어만 있으면 쉽게 성공할 수 있음을 보여주는 모범적 사례다.

신제품 개발에서 타이밍은 가장 중요한 이슈로 "전장(시장)에서 패배한 장수(마케터)는 용서받을 수 있어도, 전쟁터(시장)에 늦은 장수(마케터)는 결코 용서받을 수 없다"란 말 속에 타이밍의 중요성이 내포돼 있다. 세계적인 베스트셀러 중 하나인『마케팅 불변의 법칙』에서 '더 좋은 것보다 맨 처음이 낫다'는 원칙이 22가지 법칙들 중에서 '선도자의 법칙The Law of Leadership'이란 이름으로 제1법칙을 차지하고 있는 것도 이에 대한 중요성을 입증한다.

특별한 경우를 제외하고 1등 브랜드의 위치를 차지하고 있는 상품들의 공통점은 시장에 가장 먼저 진입한 제품이다. 그것은 마케팅은 제품의 싸움이 아니라 인식의 싸움이기 때문이다. 말인즉, 소비자인식을 가장 크게 지배하는 변수가 시장진입 순서라는 것이다. 경쟁사 진입이 늦어진 카테고리일수록 선발 브랜드가 곧, 카테고리 브랜드로 통용되는 경우가 많다.

　시장에서 블루오션 콘셉트를 개발하는 일은 결코 쉬운 일이 아니다. 실무에 직접 관여하지 않고 3자의 입장에서는 다소 쉬워 보일 수 있을지 몰라도 최초 콘셉트를 발굴하는 작업은 힘들다. 실제로 엄청난 성공을 거둔 최초 진입 상품도 내막을 자세히 들여다보면 공개하지 못할 의사결정 과정이나 에피소드를 가지고 있다.

　단적인 예로 현업에서 소비자를 설득하는 것보다 더 힘든 것이 회사로부터 신제품 콘셉트에 대한 공감대를 이끌어내는 일이다. 리스크가 높은 최초 콘셉트일 경우 이를 설득하려면 철저한 논리적 근거와 용기도 필요하다. 마케팅 의사결정권자들은 자신의 경험이나 맹신, 아집을 버리고 객관적 시각으로 결단을 내려야 한다. 혁신적인 콘셉트도 마케터의 용기가 부족하면 아이디어는 시장에서 빛을 볼 수 없다.

　성숙 시장에서 히트 상품은 고객의 숨겨진 니즈를 발견하는 것이 아니라 마케팅에 의해 창출된다. 단적인 예로 스마트폰이 고객들의 숨겨진 니즈를 발견한 것인가? 고객들은 스마트폰을 원한 적이 없다. 애플의 기술력과 마케팅이 일대 혁명을 이룩한 것이다. 이처럼 마케팅이 성공하려면 고객의 내면에 존재하던 니즈를 단순히 발견하는 차원의 것이 아니라 고객의 마음속에 씨앗을 뿌릴 수 있다는 프론티어 정신이 먼저다.

고객들은 제품을 구매하는 것이 아니라 문제해결 방법을 구매한다. 대부분의 블루오션 히트 상품은 이러한 문제를 정면으로 이슈화시켜 고객들로 하여금 문제를 해결할 수 있는 대안으로 신제품 구매를 유도한 것이다. 정면으로 이슈화시킨다는 의미는 가능성 있는 신제품에 대한 투자로 마케팅 예산을 확보해야 한다. 섬유의 냄새제거를 콘셉트로 국내 생활용품 시장에서 소취제라는 카테고리를 개척한 P&G의 '페브리즈'도 궁극적으로 숨겨진 고객의 니즈를 발견했다기보다는 역량 있는 마케터로부터 창출된 시장이다. 즉, 체계적인 소비자 교육을 위해 지속적인 마케팅 재원으로 광고 투자를 아끼지 않았던 것이다. P&G가 국내 소취제 시장에서 수백억 원대 매출을 올릴 수 있는 배경에도 분명히 투자해온 수백억 원대의 광고비가 있었기 때문이다.

중소기업이었던
'락앤락' 급성장의 이유

기업은 목표 달성을 위해 여러 부서로 조직화돼 있다. 서로 다른 업무를 수행하고 있지만 목표는 동일하다. 지속가능한 성장과 생존을 함께 구현하자는 것이다. 그중에서도 마케팅 부서의 전략 방향은 기업의 생존과 직결된다. 마케팅 전략의 큰 그림에 따라 혁신을 달성할 수도, 모든 것을 잃을 수도 있다. 전략 방향이 달라지면 기업의 경영전략이 달라지고, 이것은 곧바로 기업의 경영성과로 연결된다.

국내에 연매출 50억 원 규모의 중소기업 사장은 고민에 빠져 있었다. 아무리 노력해도 치열한 경쟁 환경을 돌파할 획기적인 전략이 보이지 않았다. 뭔가 손에 잡힐 듯하면서도 막막했던 것이다. 이 회사는 욕실 용품, 피크닉 용품, 테이블 웨어, 키친 웨어, 밀폐 용기 등 600여 종이 넘는 플라스틱 제품을 생산하여 판매했다. 이것저것을 생산해서 카테고리별로 시장을 폭넓게 점유하는 전략이었다.

하지만 사업은 신통치 않았다. 시장조사를 해봐도 제품의 품질에는 문제가 없게 나온다. 유통 채널도 과거에 해왔던 방식으로 그런대로 괜찮다. 가격이야 경쟁업체와 비슷비슷하다. 프로모션은 경쟁사와 비교해 거기서 거기다. 그런데 문제는 저가 중국산 제품의 급격한 시장잠식이었다. 중국에서는 1만 개나 넘는 회사에서 플라스틱 용기를 만들었다. 승산이 없다고 판단한 이들은 치열하게 아이디어를 고민했고, 마침내 결정했다. 그렇다면 이들이 취했던 방법은 무엇이었을까? 과거 '하나코비'라는 중소기업이 '락앤락'이라는 브랜드를 출시한 사례다.

이들은 마케팅 전략을 획기적으로 수정했다. 상품의 구색이 너무 많아 생산, 유통, 재고 관리상 문제가 많았고 주력 상품이 없다는 사실을 간파했다. 마케팅 전략에 충실한 네이밍 전략도 주요했다. 락앤락Lock&lock이란 브랜드를 처음 들으면 기억에 잘 남는다. 잠근다는 의미의 영어 '락'을 두 번 언급한 뉘앙스가 좋고, 글로벌 시장을 공략하는 데에도 적합한 브랜드로 큰 그림을 대폭적으로 수정한 것이다.

락앤락은 연매출 50억 원 수준에 불과했던 전형적인 중소기업일 뿐이었다. 이들의 급성장 배경은 다품종 생산 방식을 포기하고, 대신에 위험은 크지만 한 상품 생산에만 전문화하기로 포트폴리오 전략을 전면적으로 수정한 것이다. 문제는 도대체 어떤 상품으로 품목을 선택할 것인가였다. 그 전제 조건으로 세 가지를 정했다. 첫째 전 세계인이 보편적으로 사용하는 상품, 둘째 과거부터 현재 그리고 미래에도 소비자들이 사용하는 제품, 셋째 자사의 핵심역량과 결부시키자는 3가지 조건을 충족시킨 제품에 대한 해답이 밀폐용기였다.

하지만 인고의 노력으로 출신된 신제품이 시장에서 신통치 않았다. 소비자들은 브랜드력이 미약한 중소기업 제품에 전혀 눈길을 주지 않았다. 이를 타개하기 위한 전략 방향이 글로벌 시장을 먼저 공략하자는 획기적인 아이디어였다. 이들은 해외에서 먼저 인정을 받은 후에 국내 시장으로 다시 들어오는 우회 전략을 선택했다.

이를 위해 홍콩이나 프랑크푸르트, 시카고, 동경 등 외국의 주요 전시회에 부스를 만들어 신상품을 소개했다. 그러던 중 전시회에서 만난 외국의 마케터로부터 특별한 제안을 받았다. 제품이 무척 좋다. 이러한 혁신적인 제품의 정보를 소비자들에게 정확하고, 세부적으로 알리기 위해서는 동영상 광고물인 인포머셜Infomercial을 만들어 TV 홈쇼핑에서 방영하면 좋을 것이라는 아이디어를 들은 이들은 즉각적으로 시행했다. 미국에서 가장 큰 홈쇼핑사인 QVC에서 인포머

셜을 방영하면서 판매를 시도했고 마침내 대박을 터트렸다.

락앤락은 이러한 선풍적인 반응에 힘입어 국내 LG홈쇼핑에서도 히트 상품으로 등극하는 쾌거를 달성했다. 홈쇼핑과 할인점은 경쟁 관계에 놓여 있다. 그래서인지 E마트 등으로의 채널 침투도 용이하게 이루어졌고, 국내 소비자들로부터 제품력을 인정받게 되었다.

지금은 밀폐용기뿐만 아니라 중소기업일 당시에 판매하던 600여 종의 다양한 상품을 만들면서 세계 밀폐용기 시장을 선도하고 있다. 한 가지 달라진 사실이 있다. 기업의 상호를 '락앤락'으로 변경했다는 점이다. 지금은 베트남과 브라질에 현지 공장을 건설하여 미국은 물론 유럽이나 일본, 남미, 호주, 러시아 등을 체계적으로 공략하고 있다. 이들의 사례야말로 마케팅에서 전략 방향이 얼마나 중요한지를 여실히 보여주고 있다.

현대 경영에서 마케팅의 중요성을 강조하는 것은 이미 진부한 일이다. 락앤락은 악조건 하에서도 경쟁사와 차별화된 전략을 수립함으로써 매출과 고객 만족을 동시에 달성했다. 특히 주목할 점은 고객과의 소통 방법에서 해외시장부터 공략한 전략 방향과 TV홈쇼핑 채널의 공략이다.

주변에서 시대적 흐름과 트렌드에 대응하지 못해 시장에서 사라지는 기업을 얼마나 많이 보아왔던가? 디지털 시대를 예측하지 못해 세계 1등에서 폐망한 '노키아'는 많은 시사점을 준다. 마케터가 시대적 트렌드를 놓치는 것은 직무유기다. 시대에 부응하는 자는 살 것이요, 시대에 불응하는 자는 반드시 죽을 것이다. 큰 그림부터 제대로 그려라. 그리하면 숫자(매출)는 따라오기 마련이다.

기업의 사회적 책임이
가진 비밀

최고경영자부터 직급에 관계없이 모든 마케터들이 큰 틀에서 고민해야 할 이슈가 있다. 자사의 마케팅에 대한 큰 그림을 확정하는 일이다. 컬러 마케팅이나 케릭터 마케팅, 게릴라 마케팅과 같은 특별한 의제Agenda를 자사의 전략과 부합시키는 방향성을 말한다. 이것은 특정한 개인보다 마케팅 본부 차원에서 함께 고민하고 실행해야지 효과적이다. 차별화된 아이디어 발굴이 먼저고, 경영진으로부터 전폭적인 지원을 받아야지 시장에서 게임의 룰을 지배할 수 있는 마케팅 전략으로 거듭날 수 있다.

마케팅 개념은 자본주의 발전과 함께 진화돼 왔다. 수요가 공급을 초과하던 다시 말해, 만들면 무조건 팔리던 산업화 초기에는 생산지향적인 경영방식으로도 충분했다. 이후 경쟁이 심화되면서 어떻게 하면 잘 팔수 있을지가 화두로 떠오르면서 판매 스킬을 강조하던 판매지향적인 사고가 기업의 의사결정을 지배하게 됐다. 이를 거치고 나서야 고객이 중심에 서는 고객지향적인 마인드를 경유해 시장지향적인 개념이 정착된 것이다.

최근 기업이 새로운 활로를 모색할 수 있는 전략 방향으로 CSR(공익 마케팅)이 있다. 공익 마케팅은 종래의 전통적 마케팅 활동이 단순히 기업의 이윤이나 시장 점유율을 높이는 집중했던 것에 대한 반성으로 등장한 개념이다. 기업의 무분별한 개발로 환경오염이나 생태계 파괴, 자원의 부족 등에서 벗어나지 못하자 이에 대한 기업의 사회적 책무 일환으로 등장한 신개념이다. 기업이 사회의 도덕적 문제에 대응하면서 원하는 목표를 직간접적으로 달성하려는 고도화된 마케팅 전략이다.

기업의 사회적 책임을 강조하는 CSR은 크게 4단계로 구성된다. 1단계_경제적 책임, 2단계_법률적 책임, 3단계_윤리적 책임, 4단계_자선적 책임으로 구성된다. 기업은 사회를 통해 막대한 이윤을 창출하는 만큼 그에 대한 책임 또한 막중하다. 과거에는 1,2 단계의 책임만을 강조했지만 지금은 3,4단계까지의 책임까지도 강조되고 있다.

말인즉, 과거에 기업은 사회적 일자리 창출이나 세금납부 등에 충실하면 됐지만 지금은 윤리적인 행동의 일환으로 사회를 통해 벌어들인 수익의 일부를 다시 사회에 환원해야 한다는 것이다. 자본주의 4.0 시대를 맞아 CSR은 선택이 아닌 필수적인 수단으로 자리 잡고 있다. 모든 정보가 오픈된 디지털 세상에서 의식 있는 기업이라면 진정성이 가미된 CSR 마케팅으로 새로운 활로를 모색해야만 한다.

CSR 마케팅은 기업 브랜드가 적절한 자선이나 공익 활동을 연계함으로써 궁극적으로 이익을 추구하자는 전략이다. 공익 마케팅을 통해 브랜드의 인지도 상승 및 고객의 충성도 증가, 판매 증진 그리고 언론의 관심이라는 목표를 동시에 달성할 수 있다. 기업 간 경쟁이 격화되고 있는 오늘날에 소비자들은 기업이나 브랜드가 단순히 상품의 기능이나 브랜드의 감성 혹은 이미지를 보여주는 것에 만족하지 않고 더 고차원적인 가치를 원한다. 자사의 상품이나 서비스에 적합한 공익 마케팅 수단을 찾아 실행에 나서라. 기업 규모나 이익이 클수록 선택이 아닌 CSR 활동은 필수다.

국내에서 공익 마케팅을 가장 성공적으로 수행하고 있는 대표적인 기업으로 현대자동차가 있다. 이들은 CSR 활동에 지속적으로 투자하면서 공을 들이고 있다. 국내는 물론 해외에서도 다양한 방법으로 CSR을 개척해 나가는 중이다. 제3세계 국가를 대상으로 단순한 지원에만 그치지 않고 그들의 복지와 자립을 위해 현지인들과의 소통과 화합하고 있다. 서울시에서 개최되고 있는 국제학술대회에서 개발도상국들의 학생을 초청한 행사는 매우 성공적이란 평가를 받았다.

많은 CSR 리서치에서 소비자들은 가격이 조금 비쌀지라도 자선적 책임을 다하는 기업들의 제품을 구매하겠다는 생각을 가지고 있는 것으로 조사되었다. 조사결과는 마케터들에게 매우 고무적이다. CSR 활동이 단순히 사회에 환원으로만 끝나는 것이 아니라 자사 이미지를 소비자들에게 호의적으로 갖게 함으로써 매출을 증대시킬 수도 있다는 것이다. 마케팅은 숫자 싸움이다. 특히 마케팅은 기업에서 매출목표에 대한 책임을 가지고 있다. 실무에서 매출이 곧 마케터의 인격으로 통하는 이유도 여기에 있다.

고객들은 점점 똑똑해지고 있다. 정보가 투명해진 시대인 만큼 마케팅 전략도 투명해져야 한다. 더 이상 판매 스킬로 고객을 기만하는 기법은 통하지 않게 되었다. 이러한 상황에서 타사와 차별화하고 자사만의 브랜딩을 구축할 수 있는 기법이 CSR 공익 마케팅으로 기업들은 이를 통해 긍정적 이미지를 구축할 수 있다. 공익 마케팅은 '911'에서 밝혔듯이 아이템 선정이 특히 중요하다. 참신하고 기발한 공익적 콘셉트 아이디어 발굴이 선행돼야만 한다.

독특하고 특별한 아이템 일수록 구전효과는 배가되고, 진정성은 고객들의 마음을 사로잡을 것이다. CSR 아이템을 선정할 때는 예산의 규모도 중요하다. 적게는 수억 원에서 많게는 수백억 원까지도 소요될 수 있기 때문이다. 매우 어려운 의사결정 이슈로 CSR 예산을 계획하고 수립하는 과정에서 특별해 강조하고 싶은 말이 있다. CSR 활동에 투입되는 비용이 회사 돈이라고 생각하지 말고 기꺼이 자신의 돈이라고 생각하라. 그리하면 의사결정이 매우 단순해지고, 명확해질 것이다.

마케팅, 제품이 아닌 콘셉트를 파는 일

무언가 개념이 없을 때 일상적으로 쓰는 말이 있다. '콘셉트가 없다'는 말로 전략이 없다는 말과 일맥상통한다. 이처럼 콘셉트는 누구나 알고 있는 상식적인 용어로 마케팅에서도 콘셉트란 단어는 지극히 다양한 곳에서 그리고 자주 사용되고 있다. 이것은 그만큼 마케팅에서 콘셉트가 중요하다는 뜻이다. 마케팅에서 상품이나 서비스 콘셉트가 애매모호 하거나 불분명할 경우에 실패할 수밖에 없다. 고객들은 제품이 아니라 콘셉트를 구매한다. 즉, 마케팅은 제품이 아닌 콘셉트를 파는 일이요, 브랜드 간의 콘셉트 싸움이다.

마케팅에서 지켜야 할 원칙이 있다. 그것은 열등한 콘셉트로는 우월한 콘셉트를 절대 이길 수 없다는 믿음이다. 마케팅은 '콘셉트'이다. 히트 상품을 기획할 때도 그렇고, 프로모션 전략을 수립할 때도 그렇다. 15초 광고를 제작할 때도 마케터의 명확한 의도와 목적이 각인된 콘셉트가 필수적이다. 콘셉트가 모호해지는 순간 목적지를 잃고 만다. 불분명한 콘셉트로는 결코, 성공적인 마케팅 과업을 수행할 수 없다. 잘 잡은 콘셉트 하나가 소비자들의 눈길과 마음을 사로잡아 기업의 운명을 바꾸기도 한다.

마케팅에서 콘셉트란 다른 제품이 아닌 바로 이 제품을 사야 할 이유를 소비자에게 정확하게 제시하는 것이다. 업계에서 전해오는 말이 있다. "열등한 제품이 우월한 제품을 이길 수는 있지만, 열등한 콘셉트는 결코 우월한 콘셉트를 이길 수 없다"는 말이다. 소비자들은 제품이나 서비스에 반응하는 것이 아니라 콘셉트에 이끌려 브랜드를 선택한다. 일상에도 콘셉트라는 말은 보편적으로 활용된다. 영화나 연극, 콘서트, 전시회 등을 보고도 감흥이 없을 때 우리는 '콘셉트가 없다'는 말을 내뱉곤 한다.

디지털 시대에 온라인 카페 창업이 활성화된 지 오래다. 카페 마케팅이 활성화된 이유는 모바일 기반의 플랫폼이 안정성도 높고, 타깃도 명확해 마케터의 입장에서 카페 콘셉트만 확실하다면 적은 비용으로 회원 수나 트래픽, 노출 등에서 성과 창출이 가능하기 때문이다. 인기 있는 카페로는 2030 육아 중심의 카페와 마니아 중심 자동차, 취업이나 창업을 위한 카페, 중고 카페 등이 있다. 이들은 고객들의 원초적인 니즈에 부합하면서 적게는 1만 명에서 많게는 300만여 명의 회원을 확보하고 있다. 국내를 대표하는 150만 명 이상의 카페로는 맘스홀릭베이비, 쭉빵카페, 닥치고 취업, 중고나라 등으로 이들은 10년 이상의 노하우를 기반으로 마케팅을 전개해오고 있다. 이들의 성공에도 명확한 이유가 있다. 카페의 콘셉트와 타깃 전략이 모두 명확했다는 공통점이다.

히트 상품도
콘셉트가 지배한다

예술가의 꿈이 역사에 기록될 '불후의 명작'을 남기는 것이라면 제품 개발자의 꿈은 단연 세계적인 '히트 상품'을 만드는 일이다. 하지만 히트 제품의 개발은 예술가들이 불후의 명작을 창조하는 것만큼이나 어렵다. 이를 증명하듯이 시장에는 하루에도 수백여 개의 신제품이 출시되고 있지만 그만큼의 제품들이 사라지기도 한다. 시장에서 신제품 성공률이 1할을 넘지 못한다는 사실이 이를 잘 입증해주고 있다. 그렇다고 너무 실망하지 마라. 아무리 경쟁이 치열한 레드오션 시장에서도 콘셉트만 제대로 찾으면 히트 상품의 기회는 존재하기 마련이다.

인간의 불확실한 미래를 겨냥한 상품이 보험인 것처럼 신제품 개발은 기업의 미래를 보장해주는 보험 역할을 한다. 최고경영자들이 신제품 개발에 관심을 가지는 이유다. 즉, 각고의 노력 끝에 출시한 신제품은 기업의 지속적인 성장과 수익확보의 밑거름으로 작용한다.

사람들은 흔히 젊었을 때 여러 가지 이유로 보험에 가입하지 않았다가 노후에서야 후회하기도 한다. 기업도 미래를 위한 대책 없이 R&D에 투자를 게을리 할 경우에 반드시 후회한다. 문제는 이것이 단순한 후회로 끝나지 않고 복구할 수 없을 정도의 치명타로 작용할 수 있다. 기업은 신제품 개발에 지속적으로 투자해야 하지만 단기적으로 성과가 잘 나타나지 않기 때문에 마케팅이나 R&D투자를 꺼려하는 경향이 있다. 단기적인 성과를 보여줘야만 하는 전문경영인 체제의 기업일수록 이러한 문제는 의외로 심각하다.

기업들이 히트 상품을 개발하지 못하는 근본적인 이유는 차별화된 콘셉트 또는 획기적인 콘셉트를 찾기가 어렵기 때문이다. 마케팅 업무는 복잡하고 난해하므로 정형화된 프로세스가 필요하고 히트 상품도 이러한 토대 위에서 탄생할 수 있다. 신제품 개발 과정에서 가장 먼저 선행돼야 할 요건은 아이디어의 수집과 선별이다. 신제품 개발은 신제품 아이디어를 찾는 일부터 시작된다. 기업 내의 연구원이나 임직원, 소비자 조사를 통한 소비자들의 불만요소, 경쟁사 제품의 약점 등에서 인사이트를 얻을 수 있다. 아이디어 중에서 가능성이 없는 것들은 애초부터 과감하게 버려야지 매몰 비용 함정에 빠지지 않을 수 있다.

다음은 차별화된 신제품 콘셉트의 발굴이다. 콘셉트란 소비자들이 제품을 사용하면서 얻을 수 있는 혜택을 개념화한 것이다. 즉, 제품이 소비자에게 어떤 의미가 있는지를 표현한 것으로 제품을 한눈에 나타낼 수 있도록 해야 한다. 신제품 성패의 70퍼센트를 좌우할 정도로 중대한 변수가 콘셉트기 때문에 전문가를 통해 체계적으로 검증돼야만 한다. 콘셉트 검증이 완료된 이후에 사업성 분석이 뒤따라야 한다. 이를 통해 신제품의 생산비용이나 마케팅 비용, 예상 매출, 이익 등을 예측하면서 수익성을 검토하고, 그 결과가 기업의 목표치를 충족하는가를 평가해야 한다.

신제품의 성공 확률을 높이기 위해서는 테스트 마케팅도 필수다. 이것은 시장에서 고객들에게 검증을 거치는 단계로 제품은 제대로 만들어졌는지, 제품의 콘셉트는 고객들에게 제대로 전달되는지, 가격은 적당한지, 계획된 표적시장과 실제 시장은 일치하고 판촉 전략은 제대로 수행되는지 등을 확인한다. 이 단계에서 생기는 문제점은 수시로 피드백 함으로써 마케팅 전략을 보완해야 한다.

소비자들은 다양한 대안들 중에서 자신이 필요로 하는 문제해결 방법을 제시하는 브랜드를 선별한다. 제품이란 소비자가 필요로 하는 필요와 욕구를 충족시켜주는 가장 기본적인 수단으로써의 의미를 지니고 있지만 다수의 상품이 치열하게 경쟁하고 있는 성숙한 시장일수록 제품 자체보다 브랜드가 진가를 발휘한다. 여기서 성공하려면 차별화된 콘셉트가 필수다.

우리들 주위에는 무수한 형태의 제품들이 있다. 의식주를 충족시키기 위한 1차적인 농수산물에서부터 수억 달러에 이르는 우주여행 상품에 이르기까지 그 종류만도 헤아릴 수 없을 정도다. 대부분 시장은 공급이 수요를 초월하는 포화 상태에 진입해 있다. 단적인 예로 현재 국내 의류시장의 재고는 우리나라 사람들이 30년 동안 입을 수 있는 물량이 창고에 확보돼 있다고 한다. 이러한 레드오션 시장에서도 히트 상품의 조건은 간단하다. 탁월한 콘셉트와 브랜드력이다. 아웃렛 매장에서 가격 할인이 만사가 아니라 브랜드의 콘셉트가 중요하다는 말이다.

승리할 수 없다면
전쟁터를 옮겨라

히트 상품은 그 시대의 사회상이나 트렌드를 반영하고 있다. 아니 어쩌면 그 시대의 주요 트렌드가 히트 상품일지도 모른다. 여기서는 마케터의 동물적 감각과 혜안이 중요하다. 초기변화가 감지되는 시점에서 일시적인 유행인지, 아니면 하나의 대세인지를 정확히 판단할 수 있는 안목을 말한다. 그 시대의 주요 트렌드에서 블루오션 기회를 엿볼 수도 있다.

신제품 개발은 크게 선발 전략과 대응전략으로 구분된다. 어떤 유형의 스타일을 추구하느냐는 기업문화나 최고경영자에 따라 달라질 수 있다. 선발 전략은 경쟁사를 리드하면서 먼저 치고 나가는 적극적인 전략이다. 반대로 대응전략은 경쟁사의 신제품 개발에 대응하는 소극적인 전략을 말한다.

과거에 수십 년에 걸쳐 일어났던 변화가 불과 몇 년 만에 일어나고, 변화된 환경에 대처하지 못해 시장에서 사라지는 기업을 자주 목격할 수 있다. 기존 시장을 향유하거나 지키기에 몰두하는 것은 몰락을 의미한다. 의식 있는 경영자들은 콘셉트의 중요성을 직시하면서 선발 전략에 의한 선제적 공격이 최상의 방어임을 잘 알고 있다.

　마케팅은 전쟁에 비유되곤 한다. 전쟁에서의 화력은 마케팅 재원이 되고, 총알은 콘셉트가 된다. 콘셉트 차별화 전략의 핵심은 전쟁에서 승리할 수 없다면 전쟁터를 옮기자는 것이다. 성숙한 시장에서 기업의 힘이 대등한 1등 브랜드를 정면으로 공략하기를 바라는 마케터라면 본 전략에 주목해야 한다.

　반대로 1등 브랜드이면서 도전자로부터 공격에 직면한 기업도 본 전략에 매우 유념할 필요가 있다. 경쟁사의 차별화된 전략에 휘말릴 경우 한꺼번에 모든 것을 잃을 수도 있기 때문이다. 콘셉트 차별화의 핵심은 게임의 규칙을 변화시켜 시장지배력을 확보하기 위한 전략으로 시장규모가 크거나 성숙한 시장에서 유용하게 활용할 수 있다.

　1등 브랜드를 제압한 대부분 히트 상품들의 공통점은 콘셉트를 차별화했다. 라이벌 기업과 숙명적인 대결을 벌이고 있는 2등 기업이 '열 번 찍어 안 넘어가는 나무 없다'라는 신념으로 1위를 흉내 내거나 1위와 동일한 영역에서 적당하게 차별화된 신제품으로 1위를 공략하는 것은 자멸을 뜻한다. 로마가 하루아침에 이루어지지 않았듯이 과반수의 시장점유율을 확보한 브랜드파워 또한 결코 하루아침에 만들어진 것이 아니다.

이들을 공략하기 위한 최선책은 무엇일까? 해답은 1등 브랜드와 그동안 싸워왔던 전쟁터에서 새로운 전쟁터로 콘셉트의 싸움터를 옮겨 시장의 주도권을 장악하는 것이다. 싸움터를 옮긴다는 의미는 경쟁사를 긴장시킬 만한 차별화된 콘셉트로 시장을 공략한다는 것이다.

나무를 쓰러트리기 위해 열 번 찍기보다 도끼를 버리고 톱과 같은 새로운 연장을 선택할 수 있는 아이디어가 본 전략의 핵심이다. 아이러니컬하게도 본 전략이 성공하기 위한 제2의 후원자는 다름 아닌 경쟁사와 언론이다. 경쟁사를 자신의 전쟁터로 유인하면서 언론이 이를 대대적으로 이슈화시키도록 분위기를 조성하는 것이다.

네이밍 전략을 세울 때
반드시 지켜야 할 원칙

자신이 개발하고자 하는 신제품 콘셉트를 한마디로 정확하게 말할 수 없다면 출시를 포기하는 것이 좋다. 반대로 신제품 콘셉트가 소비자 머릿속에 정확하게 간결한 단어로 각인되고, 이것을 네이밍으로도 연결시킬 수 있다면 신제품 출시를 하루라도 앞당기는 것이 좋다. 히트 제품의 공통점은 네이밍 자체가 하나의 강력한 포지셔닝 키워드로 타깃 고객을 정확히 공략했다는 점이다. 즉, 제품 콘셉트와 네이밍을 일치시킨 것이다. 숙취해소 음료 브랜드인 '911'도 그렇다. '9시까지, 1가지 술로, 1차에서 끝낸다'는 캠페인 슬로건에서 도출된 네이밍은 정확한 콘셉트를 표방하고 있다.

강조했듯이 네이밍 전략을 수립할 때는 반드시 지켜야 할 점이 있다. 네이밍이 법적으로도 출원이 가능할수록 효과적이라는 사실이다. 상표출원이 불가능하다면 도형상표나 심벌, 기업명 등을 연계해 함께 출원함으로서 경쟁사의 미투 제품에 대한 진입장벽을 구축해야만 한다. 콘셉트와 네이밍이 일치할 경우에 소비자 마인드에 브랜드 인지율이나 침투율을 높이기가 매우 효과적이다.

최소 광고비로도 소비자 마인드 침투가 용이하다. 무조건 콘셉트와 네이밍을 연계시켜라. 신제품 콘셉트에서 네이밍이 도출되거나 또는 일치될 경우에 고객과의 커뮤니케이션은 간결하고 명확하게 떨어진다. 반면에 삼성전자의 '갤럭시'처럼 콘셉트와 무관한 네이밍은 브랜드력 구축에 막대한 비용과 시간이 절대적으로 필요하다. 하지만 반대급부도 있다. 이렇게 구축된 브랜드력은 고객들의 머릿속에 강력히 자리 잡는다.

하루에도 수십 개의 브랜드가 탄생하고 소멸한다. 출시 당시 거의 모든 신제품은 히트 상품의 기대를 안고서 인고의 과정을 거쳐 출시되지만 모두가 소비자들로부터 선택될 수는 없다. 신제품이 성공하기 위해서는 여러 가지 마케팅 요건들이 맞아 떨어져야만 한다. 그중에서도 네이밍은 매우 중요한 수단임에도 특정인에 의해 쉽게 작명되거나 선택돼 시장에서 법적 보호를 받지 못해 막대한 손실을 초래하고 있다.

더욱이 신제품 콘셉트를 무시한 채 기존에 잘 나가던 브랜드로부터 브랜드 확장을 벌여 결국 모 브랜드까지 타격을 받는 경우도 있다. 이러한 현상은 단기적인 성과에 급급해 빅브랜드 창출에 소요되는 마케팅 비용과 시간을 회피하려는 의도에서 비롯된다. 한 번 작명한 이름을 변경하는 것은 대단히 어려운 문제다. 지금까지 투자된 모든 마케팅 비용과 시간의 포기를 의미하기 때문이다.

브랜드의 중요성과 네이밍 원칙에 대해 대부분 마케터들은 잘 알고 있다. 그럼에도 이를 실행하지 못하는 것은 신제품 개발과정에 참가한 모든 사람이 만족하면서 콘셉트에 충실한 네이밍을 그만큼 개발하기가 어렵기 때문이다. 실제로 현업에서는 브랜드를 확정하지 못해 신제품 개발 일정이 지연되는 경우가 빈번하게 발생하고 있다. 이를 해결하기 위해 소비자 공모전이나 광고대행사에게 네이밍을 의뢰도 해보지만 담당자 마음을 사로잡기란 여간 힘든 게 아니다. 수천만 원의 거금을 들여가면서 전문 네이밍 업체에 의뢰 해봐도 상황은 마찬가지다.

아무리 성공한 히트 제품의 네이밍도 처음부터 마케터에게 확신을 심어주기는 어렵다. 원인은 브랜드는 사후적인 마케팅 노력으로 만들어지기 때문이다. 실제로 아무리 좋은 이름도 시장에서 실패하면 아무런 의미가 없다. 하지만 여기서 강조하는 제품의 콘셉트와 일치한 네이밍 개발의 원칙은 절대적으로 고수하는 것이 좋다. IMC 전략

을 효과적으로 수행할 수 있을 뿐만 아니라 최소 비용으로 브랜드인
지율과 콘셉트를 한방에 전달할 수 있기 때문이다.

소비자 마음속에
브랜드 이미지를 심는다는 것

구슬이 서 말이라도 꿰어야 보배란 말
처럼 아무리 훌륭한 제품도 이를 고객들에게 정확하게 커뮤니케이션
하지 못하면 실패할 수 있다. 콘셉트가 탁월해도 명확한 커뮤니케이
션이 뒤따라야 한다는 말이다. 신제품 콘셉트와 일치한 커뮤니케이
션 콘셉트, 이를 뒷받침할 수 있는 마케팅 재원과 효율적인 매체 전
략이 IMC의 핵심이다. IMC 전략이란 광고나 판매촉진, PR 등 다양
한 커뮤니케이션 수단들을 통합적으로 운영하는 것을 말한다.

다시 말해 복잡하고 다양한 커뮤니케이션 환경에서 고객들에게 총
체적으로 접근하기 위한 통합된 커뮤니케이션 전략이다. IMC 전략
에서 가장 중요한 것은 서로 다른 채널에서도 일관된 한 목소리를 냄
으로써 채널 간 시너지를 창출하는 것이다. TV 매체에서는 모델이,
인쇄매체에서는 광고 카피가, 온라인 배너에 등장하는 문구가, 포스
터나 POP의 키메시지가 일관된 목소리로 고객의 마음을 집요하게
공략하는 것이다. 그 중심에는 브랜드가 지향하는 콘셉트를 위치시
켜야 한다.

신제품의 성공적인 IMC 토대는 마케팅 재원과 브랜드 매니저 시스템이라는 마케팅 인프라가 구축돼 있을 때 더욱 효과적이다. 브랜드 매니저 시스템은 신제품 개발부터 광고 집행까지 BM이 무한한 책임을 가지고 일관된 전략을 펼칠 수 있는 마케팅 조직이다. 업무 단위로 분권화된 조직에서 신제품 개발자와 판촉 담당자 그리고 광고 담당자가 일관된 목소리를 내는 일은 지극히 어려운 일이다. 이에 비해 BM이 처음부터 신제품을 기획하고 실행한다면 일관된 메시지로 커뮤니케이션을 진행할 수 있다. BM 제도의 핵심은 각각의 기능별로 분권화된 조직을 하나로 통합해 하나의 목소리로 커뮤니케이션 콘셉트를 일원하는 것이다.

다국적기업들은 '마케팅 재원 없이 신제품 출시도 없다'는 관점에서 광고판촉비가 확보되지 않은 상태에서는 신제품을 거의 출시하지 않는다. 실제로 국내에서 성공한 다국적기업들의 히트 상품 뒤에는 대대적으로 광고를 집행한 상품들이 많다. 이러한 맥락에서 광고는 마케팅의 꽃이라고 불릴 만큼 강력한 커뮤니케이션 수단이다. 하지만 광고는 투자위험도 크기 때문에 잠재시장 규모를 세밀하게 고려할 필요가 있다.

우리는 매일 광고의 홍수 속에 살아가고 있다. 그런데 방금 전 무슨 광고를 봤는지 잘 기억하지 못한다. 생각해보라. 어제 밤에 TV를 시청했다면 광고를 적어도 수십 편 이상은 봤을 것이다. 하지만 곰곰이 생각해 보아도 서너 개 이상을 기억해내기가 힘들다. 설령 서너 개를 기억해냈다고 할지라도 그들이 본 광고 메시지를 말해 보라고 하면 거의 대답하지 못하는 것이 현실이다.

이것은 무엇을 의미하는가? 소비자들의 마음속에 브랜드 이미지를 심는다는 것이 그만큼 어렵고 힘들다는 것이다. 이러한 이유로 소비자들 마음속에 키워드를 남겨야 한다. 소비자들은 광고주들이 의도하는 것과 같이 신제품에 대한 여러 가지 혜택을 기억할 수 없다. 많은 것을 말하는 것은 오히려 아무것도 말하지 않는 것과 같다. 소비자는 일방적으로 전달되는 커뮤니케이션 메시지를 자신의 관심사 이외에는 쉽게 받아들이지 않는다. 기업이 일방적으로 던지는 광고 메시지를 소비자들은 기억할 의무가 전혀 없다.

마케팅에는 2가지 관점의 시장이 있다. 일반적인 관점에서의 시장이란 물건이 판매되고 거래되는 시장Market place이고, 커뮤니케이션 관점에서는 브랜드 포지셔닝이 발생하는 소비자들의 마음속이다. 이 중에서 브랜드가 궁극적으로 지향해야 할 시장은 고객들의 마음속이다. 즉, 제품의 콘셉트가 강력한 키워드로 소비자들의 마음속에 자리 잡을 수만 있다면 그것은 90퍼센트 이상 성공한 전략이다. 한 번 굳건하게 형성된 포지셔닝은 소비자들의 마음속에서 쉽게 움직이지 않기 때문이다.

튀는 마케팅 전략으로
콘셉트를 팔아라

마케팅은 무조건 튀어야 산다. 그저 비슷한 또 다른 하나One of them를 기억해줄 소비자는 하나도 없다. 튄다는 의미는 고객의 머릿속에 의도한 마케팅 목표를 정확하게 심는 작업을 말한다. 이것이 바로 커뮤니케이션 전략의 요체요, 궁극적인 목표다. 이를 위한 실천적 방안이 게릴라 마케팅이다.

게릴라 마케팅이란 게릴라 전술을 마케팅 전략에 응용한 것으로 장소와 시간에 구애받지 않고 잠재고객을 타깃으로 튀는 방법과 기발한 아이디어로 판매를 촉진하는 것이다. 대체로 후발기업이 시장 경쟁력을 확보하기 위해 선발사들이 진입하지 않은 틈새시장을 공략하거나 적은 비용으로 고객들에게 밀착된 마케팅을 펼치기 위한 방법으로 이용되고 있다.

게릴라 마케팅은 기업 간의 경계가 무너지면서 시시각각으로 변화는 고객의 니즈를 반영하기 위해 소규모 기업뿐만 아니라 대기업에서도 세분화된 시장에서의 경쟁력 확보를 위한 방안으로 활용되고 있다. 길거리에서 신제품을 홍보하거나 또는 이색적인 방법으로 이벤트를 진행하고 이를 PR로 연계시키는 활동이 여기에 속한다. 최근 스마트폰에 기반을 둔 고객 중심으로 마케팅 패러다임이 재편되면서 전통적 커뮤니케이션 매체인 4대 매체(TV, 라디오, 신문, 잡지)의 한계를 탈피하기 위한 프로모션 방안으로 게릴라 마케팅이 활성화되고 있다. 이것은 다시 시장의 특성이나 경쟁사, 관련제품 및 고객 등 다양한 변수들을 고려한 스텔스 마케팅Stealth Marketing과 엠부쉬 마케팅 Ambush Marketing 등의 방법으로도 확대되고 있다.

스텔스 마케팅은 TV나 인쇄 매체에 식상해 있는 소비자들의 관심을 끌기 위해 소비자들의 생활 속에 파고들어 사람들이 알아채지 못하는 사이에 제품을 몰래 홍보하는 마케팅으로서 사람들이 많이 몰리는 대학 캠퍼스나 지하철 등에서 특정 제품에 대한 이야기를 나누거나, 사진을 찍어달라고 부탁하면서 멋진 디지털 카메라를 건네 제품의 호기심을 유도하는 등의 제품 홍보의 정체를 숨겨 고객에게 거부감을 최소화하면서 은연 중에 소비자들의 구매 욕구를 자극시키는 것이다.

스포츠 마케팅에서 가장 많이 활용되고 있는 엠부쉬 마케팅은 게릴라전에서 매복을 통해 기습적으로 적을 공격해 혼란에 빠뜨리는 전술을 마케팅에 활용한 것이다. 이벤트에서 공식 스폰서가 아닌 기업들이 공식 스폰서인 것처럼 위장한 마케팅을 전개하여 고객에게 공식 스폰서인 것처럼 비용은 최소화하면서 경쟁사에게는 치명적인 타격을 주는 방법이다.

게릴라 마케팅으로 독특한 콘셉트를 팔기 위해서는 마케팅 재원에 대한 적재적소의 배치가 필수적이다. 이것은 경쟁우위 기업보다 시장의 인지도나 마케팅 재원에서 한계가 있는 기업들에서 주로 활용할 수 있다. 게임의 룰을 지배하려면 일상적인 프로모션으로는 통하지 않는다. 저렴한 비용으로 직접적인 소비자 반응을 유도할 수 있도록 예산과 인력을 적절히 재배치시켜야 한다. 비용 측면에서 약자들에게 온라인은 좋은 싸움터이다. 이를 입증하듯이 지금도 카카오톡이나 인스타그램, 페이스북에는 톡톡 튀는 업체들의 아이디어가 수없이 자발적으로 게재되고 있다.

물론 오프라인에서도 게릴라 마케팅은 통한다. 고객들의 밀집 지역을 공략하는 튀는 이벤트로 단시간 내에 홍보효과를 노려야 한다. 서울의 심장부인 중구의 명동이나 강남역, 여의도, 종로 등이 효과적인 장소다. 고정관념을 탈피하고 시장을 리드할 수 있는 콘셉트의 발굴과 실행에 집중하라. 그리하면 SNS시대에서 홍보는 자연스럽게 고객들의 몫이다. 길거리를 지나가다 이색적인 이벤트 현장을 목격한 대부분의 사람들은 스마트폰으로 촬영하면서 공유하는 문화가 조성된 것이다.

전략적 인사이트로
무장하라

SBS 〈그것이 알고 싶다〉라는 시사 프로그램에서 진드기를 주제로 '103동 903호의 비밀'을 방영한 적이 있다. 눈에 보이지 않는 진드기가 침대나 소파 등에 수백만 마리가 서식한다는 내용이었다. 문제는 진드기가 알레르기나 천식, 비염 등을 유발하는 주범이라는 것이다. 나도 모르게 '저거다'라는 생각이 퍼뜩 스쳤다. 진드기를 제거할 수 있는 신제품을 출시함으로써 사람들의 건강증진에도 기여하고 회사도 돈을 대박으로 벌 수 있는 좋은 상품임이 분명해보였다. 시중에도 이를 대체할 수 있는 상품이 전무한 상황이었다. 소위 말하는 블루오션 상품으로 충분히 상용화가 가능했고, 즉시 신제품 개발에 착수했다.

광고대행사에게 프로그램을 떠올 것을 주문하고 경영진에게 보여주면서 설득했다. 주부들을 대상으로 신제품에 대한 콘셉트를 조사해보니 '출시되면 무조건 사겠다'는 거의 완벽에 가까운 결과가 도출되었다. 더군다나 대체상품도 전무한 상황이었다. 더욱 자신감을 갖게 된 결정적 계기는 일본에서는 이미 수천억의 시장이 형성돼 있었다는 점이다.

R&D를 독촉해 신제품 개발에 박차를 가했다. 제품의 콘셉트와 일치한 '진드기킬러'로 브랜드를 작명한 이후에 회사를 설득해 수억의 광고비를 받아 TV에 공격적으로 투자했다. 호텔에서 진행된 신제품 설명회에 참석한 영업사원과 대리점 사장들도 모두가 성공을 확신하는 분위기가 조성되었다. 예상대로 초기 판매는 무척 고무적이었다. 경쟁사들의 유사상품 출시가 잇따르면서 새로운 시장을 개척했다는 자만심으로 생산을 대폭 늘리면서 공세를 늦추지 않았다.

그런데 아뿔싸! 특정한 시점이 되자 구매가 더 이상 일어나지 않았다. 원인을 파악해보니 파리나 모기약을 뿌리면 벌레가 죽는 모습을 통쾌하게 눈으로 확인할 수 있는데 반해 0.2mm 크기의 진드기의 사체는 눈으로 확인할 수 없어서 소비자들이 제품을 재구매하는 것을 꺼렸다. 침대나 소파에 살충제를 뿌린다는 거부감도 의외로 크게 작용했다. 공장에 판매되지 못한 재고가 산더미처럼 쌓였고 이미 매장으로 출고된 제품들도 반품이 돼 돌아왔다. 진퇴양난에 빠지고 말았던 것이다.

당시에는 쥐구멍이라도 들어가고 싶은 심정으로 자괴감에 시달렸다. 밤마다 걱정으로 불면증으로 잠까지 설쳤다. 그때는 잘 몰랐지만 지금은 안다. 그것은 내게 큰 가르침으로 작용했고 그 이후로 돌다리도 두들겨보고 건너는 심정으로 의사결정을 신중하게 내렸다. 좋은 보약이 입에 쓰듯이 아주 쓰디쓴 경험을 했다. 소비자 조사는 과학적으로 정교하게 설계돼야만 하고, 결과의 해석에도 신중을 기해야만 한다는 사실을 깨달은 것이다. 마케터에게는 현상에서 인사이트를 도출할 수 있는 역량이 절대적으로 필요하다.

의사결정 위험을
최소화하기 위해 해야 할 일

마케터들은 하루에도 수많은 의사결정 상황에 직면한다. 이러한 마케팅 의사결정에는 항상 불확실성과 위험이 따르기 마련이다. 소비자들이 신제품을 실제로 선호할 것인지, 가격 저항선에는 문제가 없는지를 비롯한 경쟁사들의 대응 또한 관찰대상이다. 의사결정이 잘못 되었을 경우에 금전적인 손실은 물론 이미지의 추락이나 심지어 파산에 이르게 된다. 마케팅 의사결정 위험을 최소화하려면 마케터의 경험이나 직관에 기반을 둔 주관적인 판단보다 객관적인 정보를 기반으로 판단해야 한다.

마케팅 정보 시스템이란 기업내외부에 흩어져 있는 자료를 수집하고, 이를 의사결정에 유용한 정보로 활용하는 일련의 과정을 말한다. 만일 수집된 정보가 의사결정에 도움이 되지 않을 경우 경쟁사나 고객, 시장을 대상으로 마케팅조사가 뒤따라야 한다. 실무에서는 모든 의사결정을 조사를 통해 진행할 수는 없는 노릇이다. 이를 극복하기 위해서는 기업의 내부정보와 고객정보를 기반으로 인텔리전스 시스템을 구축해야만 한다. 그래야지 기획Plan하고, 집행Do을 통해 분석See할 수 있다.

정보에 기반을 둔 인텔리전스 시스템은 기업내부 정보의 체계적인 구축에서 시작된다. 상품의 지역과 채널별 매출의 분석은 기본이고, 재고현황과 원가관리도 병행돼야 한다. 이를 위해서는 회계부서의 도움을 받아 매출과 원가를 바탕으로 손익과 현금흐름 분석이 매월 또는 분기별로 정기적으로 구축되고, 영업부서로부터도 상품에 대한 유통업자의 반응이나 경쟁제품의 가격정책 등의 트렌드를 수집해야 한다. 이밖에도 생산부서를 통해 생산라인의 효율적인 가동과 생산성, 불량률 등을 주기적으로 체크하고 물류부(재고흐름), R&D(품질)로부터도 정보를 받아 인텔리전스 시스템을 구축해야 한다.

다음으로 구축할 정보가 고객의 데이터베이스이다. 기업의 제품이나 서비스를 구매하는 고객에 대한 정보를 체계적으로 모아 놓은 시스템을 말한다. 고객들의 축적된 경험을 바탕으로 개인별 욕구나 특성에 맞는 차별화된 마케팅을 전개하기 위해서다. 정보기술의 발달로 고객들의 인구통계학적인 특성(성별, 연령별, 직업별, 소득수준별)에 따라 구매이력이나 구매빈도, 구매가격 등의 빅데이터 구축을 통해 고객 분석이 가능해진 것도 DB 구축이 필요한 명백한 이유다. 이렇게 빅데이터 기반으로 구축된 DB는 CRM 마케팅의 초석이 된다. 이를 가장 성공적으로 수행하고 있는 기업으로는 SK의 OK캐쉬백, 현대카드의 M포인트, SPC그룹의 해피포인트 등이 있다.

기업의 풍부한 내부 정보에도 불구하고 의사결정이 암흑과 같을 때 필요한 조처가 마케팅 조사다. 이러한 마케팅 조사는 단계별로 이루어져야 한다. 가장 먼저 조사의 명확한 목적과 전략 방향 설정이다. 문제 자체가 뭔지를 모르면 무엇을 어떻게 조사할지도 오리무중에 빠질 수 있으므로 명확한 목적 하에 명확한 결과를 도출할 수 있음을 직시할 필요가 있다. 이를 위해서는 조사의 유형에 따라 방향성 설정이 중요하다. 여기서는 의사결정에 필요한 다양한 정보의 양도 중요하지만 질적인 측면에서 인사이트를 줄 수 있는 핵심정보로 특정하는 것이다.

다음은 마케팅 조사를 구체적으로 설계하는 일이다. 자료수집 방법과 표본의 설정, 설문지 작성 등으로 조사결과의 정확도를 판가름할 수 있는 핵심적 과업으로 자료는 기본적으로 정확하고 시의적절성이 있어야한다. 자료수집 방법은 매장에서 고객들의 행동을 직접 관찰하는 관찰법과 핵심고객층을 그룹화시켜 조사하는 표적집단 면접법, 특정한 표본을 추출해서 진행하는 기법으로 여기서는 설문지 작성이 핵심이 된다. 설문지는 마케팅 조사에서 가장 보편적으로 활용되는 측정도구로서 소비자들이 솔직하게 응답할 수 있도록 일련의 질문을 모아 놓은 것이다.

조사결과를 좌우할 수 있는 설문지 작성에는 신중에 또 신중을 기해야만 한다. 설문은 간단명료하되 응답자의 입장에서 사용되는 용어가 쉽고 이해가 빠르게 구성하는 것이 좋다. 질문의 순서도 쉬운 질문에서 어려운 질문 순으로 구성하고, 모집단에서 표본을 추출할 때는 인구통계학적인 변수를 고려해 연령별/성별/학력별/소득별로 타깃을 선별하되 지리적으로 서울이나 경기 권에 과반수의 표본을 반영해야 한다.

열 길 물속은 알아도
한 길 사람 속은 모른다

마케팅 조사에서 소비자들이 응답한 결과치를 전적으로 믿어서는 곤란하다. 시장조사를 진행할 때 환경오염을 걱정해서 친환경세제를 선호한다고 대답하면서도 매장에서 정작 구매하는 제품은 때가 잘 빠지는 강력한 세제인 경우가 있다. 마케팅 리서치는 결과보다는 예리한 해석이 중요하고 조사를 설계할 때도 과학적으로 신중히 고려해야만 한다.

체계적인 브랜드 마케팅 업무를 수행하려면 소비자 조사가 필요하다. 소비자 조사를 통해 리스크는 낮추고 성공률은 높이기 위해서다. 판촉이나 광고를 공격적으로 진행하고 있는 데도 매출액이 발생하지 않으면 어딘가에 문제가 있다는 적신호다. 경쟁사의 동향도 주요 체크리스트겠지만 소비자들의 행동과 인식의 변화를 즉각적으로 조사하는 것이 좋다. 합리적인 의사결정을 수행할 수 있을 뿐만 아니라 문제의 근본적인 원인을 재빠르게 파헤칠 수 있기 때문이다. 이렇게 수집된 소비자 조사 결과는 기업의 핵심 자산으로 축적된다.

소비자 조사를 진행하는 동안 우리는 열 길 물속은 알아도 한 길 사람 속은 모른다는 말을 명심하고 또 명심해야만 한다. 사람들은 자신이 자라온 환경이나 문화적인 특성에 따라 서로 다른 성격과 행동을 유발한다. 고객들의 행동에 영향을 미치는 변수는 참으로 다양하다. 인간의 행동을 과학적으로 연구·해석함으로써 기업 의사결정에 반영하기 위한 마케팅적 접근이 소비자 행동분석이다. 소비자 행동이란 어떤 특정한 개인이 재화나 서비스를 구매할 때 언제, 어디서, 무엇을, 왜, 어떻게 구매하는지에 대한 일련의 행동양식을 말한다.

기업들이 소비자 행동양식에 관심을 가지고 있는 이유는 소비자가 자사 상품을 어떠한 경로와 절차를 통해 구매하고 피드백 하는지를 체계적으로 분석함으로써 마케팅 의사결정에 반영하기 위해서다. 다시 말해 급변하는 시장 환경 속에서 다양한 소비자들의 수요와 욕구를 찾아내고 충족시켜 시장에서 경쟁우위를 확보하려는 것이다.

그동안 수많은 논문과 마케팅 서적에서 소비자 구매 행동에 대해 체계적이고 분석적인 모델을 제시해 왔으나 이를 하나의 정형화된 모델로 일반화하는 데는 한계가 있었다. 각각의 제품특성이나 관여도, 구매시점, 사용용도, 경쟁 환경에서 소비자들의 구매행동에 영향을 미치는 변수가 그때마다 서로 다르기 때문이다. 그럼에도 마케팅 의사결정에 대한 오류를 최소화하기 위해 다양한 형태의 소비자 조사가 진행되고 있다.

마케터가 소비자 조사를 진행하는 가장 큰 목적을 소비자 조사를 통해 직접적인 의사결정을 수행하기 위해서라고 생각한다면 큰 오산이다. 소비자 의견을 존중하는 것과 조사 결과를 맹신하는 것은 다르다. 조사의 목적은 전략을 검증하는 수단으로 이해하는 것이 바람직하다. 이 말은 2차 자료와 마케팅 경험의 중요성을 강조한 것으로 대부분 기업들은 자신이 종사해온 분야에서 풍부한 경험과 문헌자료 등을 보유하고 있다. 이를 통해 조사 결과에 대한 사전 예측이 어느 정도 가능하다. 기초자료를 토대로 마케터의 직관이 더해질 경우 추가적인 소비자 조사는 무의미할 수도 있다.

마케터는 지식Knowledge과 경험Experience 그리고 인사이트Insight로 무장해야 하고, 소비자 조사 결과는 마케터가 예측한 방향과 일치한 방향으로 도출될 때 가장 이상적이다. 만일 마케터가 예측한 결과와 상이한 결과가 도출되었을 경우 이는 매우 심각한 상황으로 해당 상품이나 프로젝트에 대한 전반적인 재검토가 이루어져야 한다. 여기서 마케터의 직관과 경험을 여기서 강조하는 이유는 소비자 조사는 결과물 자체보다 이를 정확하게 해석할 수 있는 역량이 더욱 중요하기 때문이다.

현업에서는 빠르게 변화하는 시장 환경에 대처하기 위해 소비자

마케팅 리서치의 유형

조사방법 유형		세부구분	내용 및 특징
정량 조사 (Quantitative Research)	대인면접 (Interview)	호별 방문 조사 (Door to door)	−가정유치 조사(In-Home Use Test) −U&A조사 −비교적 모집단 특성에 부합한 결과도출 −깊이 있는 설문도 가능(高비용)
		중심지 차단 조사 (Central Location Test)	−길거리에서 행해지는 면접으로 비용, 기 간 유리하나 타깃설정이 체계적이지 않으 며 조사결과의 해석에 특히 유의해야 함
	우편 조사(Mailing Survey)		−마케팅 환경에 부합한 특수 조사에 적합
	모바일 조사(Mobile Survey)		−비교적 간략한 여론조사에 적합하나 응 답의 진위여부에 대한 검증 필요
	온라인 조사(Internet Survey)		−정확한 타깃을 대상으로 스피드 있고 저 렴한 비용, 응답지의 신뢰성 이슈가 존재
정성 조사 (Qualitative Research)	심층 면접(Depth Interviews)		−면접원의 중립적 태도가 중요하며 깊이 있는 조사에 적합
	집단토의 (Focus Group Discussion)		−모더레이터에 의해 진행되며 대체로 가 장 많이 활용되고 면접 기법임

조사 없이 업무를 진행하는 경우도 빈번하게 발생한다. 실제로 모든 마케팅 의사결정 사항을 소비자 조사를 통해 진행할 수는 없는 노릇이다. 그렇다고 마케팅 리서치 자체를 부정하는 것은 아니다. 정확하게 이루어진 조사 결과는 장기적 측면에서 잘못된 의사결정으로 입을 수 있는 수십억 원의 기회비용을 예방하는 역할을 한다. 막대한 비용이 투하되는 중대한 의사결정을 진행할 때는 반드시 마케팅 조사를 통한 소비자 검증이 필요하다.

만일 소비자 조사가 잘못될 경우 어떠한 일이 발생할까? 실제로 소비자 조사는 설문지 작성에 따라 상이한 결과가 도출될 수 있다. 대표적인 사례가 서로 다른 목적을 가지고 있는 특정한 단체에서 조사한 결과가 서로 불일치하는 경우를 목격할 수 있다. 해당 단체에서 특정한 목적을 얻기 위해 설문지를 전략적으로 조작하기 때문이다. 정치인들의 여론조사가 그렇다. 통계학의 발달과 함께 등장한 각종 통계 프로그램은 이러한 오류를 최소화시킬 수 있다. '꿈보다 해몽'이란 말처럼 조사 결과에 대한 전략적 인사이트를 발휘해야만 한다.

쓰레기가 들어가면
쓰레기가 나온다

정확한 소비자 조사 결과를 도출하기 위해서는 정형화된 소비자 조사 절차에 따라 전문가가 조사를 진행하는 것이 좋다. 일반적으로 국내 기업들은 소비자 조사를 위해 기업 내부에 소비자 조사 전담팀을 별도로 구성해서 외부에 의뢰조사를 진행하는 방법과 사내에 별도 모니터 제도를 운영하면서 마케터가 자체적으로 조사하는 방법이 있다.

사내 고객 모니터 제도란 기업이 사내에 자체적으로 자사 상품이나 서비스의 핵심 타깃 고객을 별도 방법으로 모집·선발해 매월 정기적인 미팅을 가지면서 자사 및 경쟁제품에 대한 고객 입장에서의 상품 개선방향, 아이디어 제안, 소비자테스트 등을 수행하는 제도를 말한다. 보통 그룹당 10여 명으로 3그룹 정도로 구성하고, 편견을 예방하기 위해 6개월 단위로 교체된다. 모니터 아래에 각각의 서브모니터를 5~10명 정도 두어 대량 샘플이 필요한 HUT 조사에도 활용할 수 있다. 하지만 별도의 목적을 가진 자사의 사내 모니터란 점 때문에 객관성이 결여될 수 있다는 단점도 감안해야만 한다. 대부분 대기업들은 사안에 따라 사내모니터를 활용하거나 외부 전문기관을 통해 조사를 진행하고 있는데 이를 전담하거나 결과를 체계적으로 해석하고 관리할 수 있는 전문가가 사내에는 반드시 필요하다. 이들이 부재할 경우에 체계적인 관리가 부족해 효과적으로 조사업무를 진행할 수 없을 뿐만 아니라 조사 결과에 대한 신뢰성도 크게 결여될 수 있다.

국내에는 소비자 조사 업체 수만도 수십여 개에 달한다. 닐슨이 매출액에서 1위를 달리고 있는 가운데 TNS코리아, 갤럽, 한국리서치 등이 있다. 이밖에도 특정한 분야에서 강점을 보유한 후발 중소형 리서치기업과 온라인 리서치 기업도 시간과 비용의 절감을 무기로 빠르게 성장했다. 리서치 기업의 규모가 크다고 해서 정확한 결과를 도출하는 것은 아니지만 대체로 마케터들은 대행사를 선정할 때 업체의 규모와 전통성을 먼저 고려하는 경향이 있다. 물론 특정한 조사 분야에서 경쟁력을 보유하고 있는 전문 업체들도 곳곳에 포진해 있다. 실제로 정성조사만을 전문으로 수행하는 W사는 다른 업체에 비해 규모는 작지만 우수한 인력으로 정성조사에서는 타의 추종을 불허라고 있다.

마케터가 외부 소비자 조사를 의뢰할 때 가장 먼저 고려해야 할 부분은 소비자 조사를 진행하려는 명확한 목적을 가지고 사내 리서치 담당자와 협의를 통해 외부의 조사업체를 선정하는 것이다. 이때 리서치 담당자는 브리프를 작성한 이후에 해당조사 분야에 적합한 2~3곳의 전문 업체에게 통보한다. 브리프를 작성할 때는 어느 누구나 쉽게 알아볼 수 있도록 쉬운 단어를 활용해 객관적으로 작성하는 것이 좋다. 만일 조사의 성격이 보안을 요구하는 사항에 대해서는 각별히 유념해야만 한다.

브리프를 접수한 조사기관은 조사계획서를 작성한 이후에 마케터에게 재통보해야 한다. 이를 접수한 마케터는 업체별 시장에 대한 이해력과 기획의 충실도 등을 객관적으로 검토한 뒤에 최종적으로 업체를 선정한다. 이때 마케터가 우선적으로 고려할 점은 업체별로 제시한 비용도 중요하지만 조사업체가 해당 조사 분야에서 얼마큼의 노하우와 전문성을 가지고 있는지의 여부다. 조사에 소요되는 비용과 조사기간은 부차적 문제다.

정성조사를 진행할 때는 담당 모더레이터Moderator를 직접 만나 충분한 토의를 거친 후 조사를 진행해야 한다. 집단토의FGD:Focus group discussion는 모더레이터의 성격이나 질문방식에 따라 천차만별의 결과가 도출되기 때문이다. 이처럼 마케터는 소비자 조사를 진행하는 과정에서 '쓰레기가 들어가면 쓰레기가 나온다Garbage in, garbage out'는 말을 명심해야만 한다.

마케팅 전문조사기관에 근무하는 연구원들의 대학전공을 살펴보면 의외로 심리학과 출신이 많다. 물론 통계학과나 전산관련학과, 경영학과 출신들도 있지만 소비자 조사가 인간의 기본적인 심리 요인을 분해하고 해석한다는 측면에서 이들의 역할이 중요하기 때문이다. 특히 소비자와 인터뷰를 통해 심층적으로 진행하는 정성조사 분야는 더욱 그렇다.

소비자 조사는 크게 양적인 측면에서의 정량조사와 질적인 측면에서 접근하는 정성조사로 구분할 수 있다. 이중에서 마케팅 전반에 걸쳐 가장 폭 넓게 활용되고 있는 조사유형은 정량조사의 HUT 조사와 U&A 조사, 정성조사의 집단토의 방법이 가장 범용적으로 활용되고 있다. 정량조사가 모집단 특성을 규명하기 위해 일정 표본을 대상으로 해당 항목에 대한 응답자수에 따른 숫자를 중시하는 데 비해 정성조사는 조사결과를 숫자로 구체화할 수는 없지만 응답자의 미묘한 심리상태를 깊이 있게 심층적으로 검증할 수 있는 장점이 있다. 이러한 유형들 중에서 필요에 따라 선택적으로 발췌해 활용되고 있지만 신제품 출시여부를 가늠하는 조사처럼 중요한 의사결정을 단행할 때는 정성조사와 정량조사를 병행하는 것이 좋다. 정성조사를 먼저 진행한 이후에 이를 근거로 정량조사의 설문지를 설계하면 질문 항목의 질적 수준을 크게 높일 수 있다.

소비자 조사에서 마케터가 반드시 주의해야 할 점이 있다면 5점 척도법에 대한 해석이다. 국내에서 가장 보편적으로 활용하고 있는

5척도법은 우리나라 사람들의 민족적 특성 때문에 매우 신중한 해석이 요구된다. 한국인들은 '싫은 건 싫고, 좋은 건 좋게' 딱 부러지게 응답하지 않는 특성을 가지고 있다. 이러한 상황에서 3.5점 이상이면 신제품을 출시하고 3.5점 미만이면 신제품을 출시하지 않는다는 2분법적 사고는 매우 위험한 발상이다. 카테고리에 대한 경쟁강도, 신제품의 차별화 정도에 따른 시장에서의 성공 가능성 등을 종합적으로 고려해 최종 의사결정을 수행하는 지혜가 필요하다.

소비자 조사는 마케팅에서 필수적인 도구이겠지만 '약도 잘 쓰면 보약이 되고 잘 못쓰면 독약'이 되는 것과 같은 특징을 가지고 있다. 소비자 조사를 불신하는 것도 문제지만 모든 의사결정 사항을 지나치게 조사 결과에 의지하는 것도 문제다. 특히 사내의 소수 직원들을 대상으로 조사한 결과를 의사결정에 반영하는 것도 매우 어리석은 일이다. 중대한 의사결정이 요구되는 사항은 충분한 시간을 갖고 외부조사를 진행하는 것이 바람직하다.

인지부조화를
최소화할 것

마케팅의 본질은 소비자 관점에서 생각하고 행동하는 일련의 과정이다. 다양해지고 고도화되는 소비자의 욕구를 체계적이고 지속적으로 분석할 필요가 있다. 이를 위해 마케터들은 소비자들을 파악하기 위해 소비자 행동을 철저하게 분석한다. 그중에서도 제품의 관여도에 따른 소비자들의 행동분석이 선행돼야만 한다.

관여도란 특정 제품에 관련하여 개인적 관심의 정도나 지각된 중요성을 말한다. 관여도 수준에 따라 소비자는 일반적으로 제품이나 서비스를 구매하고 사용함으로써 얻을 수 있는 혜택을 극대화하고 위험을 극소화하기 위해 행동한다. 제품 관여는 수준에 따라 고관여 high involvement와 저관여low involvement로 나뉜다. 소비자들은 어떤 대상이 자신에게 중요한 영향을 미친다고 지각하면 그것에 대해 더 많은 생각과 추론을 하고 더 많은 정보를 탐색한다. 그에 따라 정보처리 단계를 거쳐 최적의 선택을 한다. 즉, 관여도가 낮은 경우에는 소극적으로 정보를 처리하는 반면에 관여도가 높은 경우에는 적극적으로 정보를 처리하면서 제품이나 서비스를 구매한다. 제품의 관여도는 소비자들의 제품에 대한 지식수준이나 경험적 가치에 의해 결정되는 경향이 있다.

저관여 제품은 제품에 대한 중요도가 낮고, 값이 싸며, 브랜드 간의 차이가 별로 없고, 잘못 구매해도 위험이 적은 제품군을 말한다. 이런 유형의 제품을 구매할 때 소비자들의 의사결정 과정이나 정보처리 과정은 간단하고 신속하게 이루어진다. 껌이나 초콜릿, 비누 등의 신제품을 접했을 때 구체적인 정보보다 즉석에서 충동적으로 구매하는 경향이 있다. 반면에 고관여 제품은 값이 비싸거나 자신에게 중요한 영향을 미치는 제품 또는 잘못 구매했을 때 많은 위험이 뒤따르는 제품군을 말한다. 소비자들은 고관여 제품을 구매할 때 여러 사람에게 물어보기도 하고, 오랜 시간과 노력을 투입하면서 구매 과정에 깊이 관여한다. 이러한 고관여 제품은 정보처리 과정이 매우 복잡하기 때문에 구전 마케팅Viral Marketing이 중요하다. 관여도가 높아질수록 진정성에 기반을 둔 마케팅도 필요하다. 소비자들은 광고를 신뢰하지 않는 데 비해 다른 사람의 이야기에는 귀를 기울인다. 고관여 제품을 구입할 때는 적극적으로 정보를 탐색하기 때문에 구전 마케팅이 효과적이다.

소비자들의 관여도는 제품군이나 제품의 속성, 상표라는 3가지 수준으로 구분할 수 있다. 첫째, 제품군은 제품의 카테고리로 관여도를 판단할 때 가장 중요한 지표가 된다. 편의품이냐 또는 값비싼 보석류이냐, 제품의 성능이 중요한 전자제품이냐에 따라 소비자들의 관여도는 크게 달라질 수밖에 없다. 대표적인 고관여 상품은 자동차이고, 저관여 상품은 소비재 상품군을 예시할 수 있다.

둘째, 제품의 속성이나 디자인도 소비자들의 관여도에 결정적 영향을 미친다. 자동차의 경우에 승용차냐, 아니면 SUB냐 또는 스포츠카냐 등의 형태나 속성에 따라 관여도는 크게 달라질 수 있다. 어떤 이는 자동차의 연비를, 누군가는 디자인이나 스타일을 우선시한다.

셋째, 브랜드나 상표도 소비자들의 관여도 형성에 크게 영향을 미친다. 소비자의 구매 욕구에 따라 제품유형을 구분해보면 제품의 기능적인 속성에 관점을 두고 있는 기능적 제품과 감성적 느낌이 중요한 감각적 제품 그리고 소비자들이 제품의 전통과 명성에 초점을 두고 구매하는 상징적 제품으로 구분할 수 있다. 제품의 성격에 따라 추구하는 핵심적 편익은 달라져야 하겠지만 상징적 제품인 '버버리' '프라다' '몽블랑'과 같은 제품군에서 브랜드력은 소비자들의 구매의사 결정에 막대한 영향을 미친다. 자동차의 경우 현대자동차나 기아, BMW, 벤츠, 폭스바겐 등과 같은 특정한 브랜드를 말한다.

우리가 알고 있는 일반적인 제품에 대한 개념은 대부분 제조업체에서 만들어지는 유형의 상품으로 알고 있지만 기업의 사업영역에 따라 천차만별로 달라질 수 있다. 온라인을 통해 사업을 영위하는 인터넷 기업과 광고주를 대상으로 서비스를 제공하고 수수료를 취하는 광고대행사의 상품은 서비스 자체가 하나의 상품이 된다.

할인점에서 상품의 의미는 판매하고 있는 상품의 가격과 할인점의 위치, 상품의 다양성, 상품의 신선도 등을 포괄한 총체적 개념이다. 즉, 할인점에서 고객들이 쇼핑할 때 부수적으로 필요한 주차공간이나 직원의 친절도, 밝고 깨끗한 환경, 환불조건 등도 중요한 상품요건이다. 가정용 난방 보일러의 경우에 실내를 따뜻하게 하는 것이 보일러의 핵심기능이고 보일러의 연료의 종류나 디자인, 난방방식도 2차적 편익을 제공하는 제품의 범주에 포함된다. 보일러를 설치하고 대금을 결재하는 방식, AS, 보증기간도 고객들의 관여도 형성에 결정적인 영향을 미친다.

소비자들은 제품을 구매할 때 정보탐색을 거친 이후에 대안별 장단점을 분석하고 구매한다. 고관여 상품일수록 정보탐색을 심층적으로 분석하고 접근한다. 그런데 만일 제품을 구입한 이후에 불만족 한다면 어떤 일이 발생할까?

인지부조화Cognitive Dissonance가 일어난다. 인지부조화는 미국의 사회심리학자 리언 페스팅어Leon Festinger가 발표한 이론으로 사람이 두 가지 모순되는 인지요소를 가질 때 나타나는 불균형상태를 말한다. 이러한 인지적 불균형 상태는 심리적 긴장을 유발하기 때문에 소비자들은 이를 해소하기 위해 심리적 안정을 찾는다는 것이다.

사람들은 제품을 구매한 이후에 심리적인 안정을 찾으려고 노력한다. 불만족할 경우에는 자신의 잘못을 인정하기보다는 자신의 결정을 합리화시키는 경향이 있다. 자신이 알고 싶지 않은 정보는 스스로 차단하고 필요한 정보만을 수용한다는 것이다. 사람들의 인지구조와 그에 따른 태도변화의 동기를 밝힌 페스팅어의 이론은 이후에 사회심리학에 많은 영향을 끼쳤다.

사회과학에서 출발한 인지부조화 이론은 상업적으로 발전해 마케팅 용어로 활용되고 있다. 소비자들은 특정한 제품이나 브랜드를 구입한 이후에 후회하는 경우가 많다. 제품의 성능이나 디자인이 마음에 들지 않거나 다른 제품이 더 좋아 보일 때 일반적으로 나타나는 현상이다. 이처럼 인지부조화는 특정한 제품이나 서비스를 구매한 이후에 발생하는 불만족한 상태를 말한다. 구매하기 전에 소비자가 기대했던 기대치와 구매한 이후의 만족도가 불일치할수록 부조화의 정도는 심해진다.

반면에 구매 이전의 기대치와 구매 이후의 성과가 같을 경우 만족하게 된다. 이러한 현상은 습관적으로 구매하는 저관여 상품보다 고가격의 고관여 상품군에서 발생하는 경향이 있다. 마케터는 구매 전의 기대감과 구매 후의 기대감이 일치할 수 있도록 마케팅 활동을 펼쳐야한다. 구매 전의 기대감이 구매 후의 기대감보다 상대적으로 높다면 인지부조화를 겪을 것이고 그것은 곧 제품에 불만족으로 이어질 수 있다. 구매 전후의 기대감의 괴리를 줄이는 것이 고객을 지속적으로 유지할 수 있는 CRM의 핵심적 비결이다.

누구를 위한
전략인가?

책은 전형적인 '제목장사다'라는 말이 있다. 대표적인 사례가 『칭찬은 고래도 춤추게 한다』로 유명한 베스트셀러다. 책의 원제는 '고래가 해냈어!'라는 의미의 『Whale Done!』이다. 이것은 비슷한 발음의 "Well Done(잘했어)"을 교묘하게 섞어 놓은 제목이었는데 우리말로는 그 뉘앙스를 살릴 방법이 없었다. 기획자들은 수없는 토론과 고심 끝에 'You Excellent!'로 확정해 출간했지만 독자들의 반응은 미미했다. 고심 끝에 5개월이 지난 시점에서 『칭찬은 고래도 춤추게 한다』로 재출간해 200만 부 이상을 판매한 초대형 베스트셀러로 도약할 수 있었다.

『초등 4학년 성적, 평생성적 좌우한다』라는 제목의 책이 있다. 얼핏 보면 타깃이 4학년 학부모로 좁아보여 수요도 없을 것 같지만 결과는 정반대였다. 전국에 초등 4학년 학부모를 제대로 공략했고, 해마다 4학년이 되는 학부모들이 사면서 스테디셀러 반열에 올라섰다. 초점을 좁히면 고객의 풀Pool은 적어지지만 콘셉트는 명확해진다. 이것이 바로 지금부터 이야기하려는 타깃팅 전략의 핵심이다.

고객들의 수요가 '100인 1색 시대'에서 '1인 백색 시대'로 전환된 지 오래다. 모든 고객이 만족할 수 있는 상품이나 서비스를 제공하는 것은 불가능하다. 타깃을 명확히 해야지 성공할 수 있다. 마케팅 전략에서 타깃을 규정하는 일은 대단히 중요한 이슈다. 이러한 핵심고객의 확정은 어디서부터 발원하는 것일까? 제품의 콘셉트에 따른 시장의 세분화이다. 시장 세분화를 통해 브랜드가 추구하는 타깃 고객을 명확하게 확정할 수 있다. 타깃 고객이 정조 준될 때 효과적인 브랜드 마케팅이 개시될 수 있다.

STP 전략은 마케팅에서 건축물의 설계도다. 이들은 탁상공론이 되지 않도록 철저한 시장조사를 통해 기획되고 운영돼야 한다. 마케팅 전략의 출발점이 되는 STP 전략은 시장세분화Segmentation를 나타내는 'S' 타깃팅Targeting의 'T' 포지셔닝Positioning의 'P'가 조합된 단어다. STP기획은 마케팅 전략의 근간이 된다. 시장에서 게임의 룰을 지배하려면 마케터가 반드시 넘어야 할 필수적 관문으로 고객과 경쟁사, 채널 분석이 선행돼야만 한다. 마케팅 전략 전반에서는 누구를 위한 전략이고 타깃 시장은 어디인지 콘셉트가 명확할수록 효과적이다.

시장을 쪼개고
또 쪼개면서 전략화하라

시장 세분화란 상품이나 서비스를 구성하고 있는 시장의 특정한 변수를 설정해 시장을 카테고리별로 세밀하게 구분함으로써 새로운 시장기회를 탐색하는 전략이다. 시장의 특정한 변수란 브랜드를 구성하고 있는 가격이나 형태, 편익 등의 요소를 말한다. 시장세분화는 주로 신제품 기회를 탐색하거나 기존제품의 시장 경쟁력을 점검하기 위해 진행되지만 항상 유동적으로 변화하기 때문에 지속적인 추적관리가 필요하다.

시장은 성숙하면 성숙할수록 세분화되는 속성을 가지고 있다. 시장이 성숙할수록 경쟁업체수가 많아져 경쟁이 가중되면서 업체별로 차별화된 콘셉트로 새로운 시장을 공략하기 때문이다. 비교적 안정적이고 시장 규모가 큰 시장일수록 이러한 현상은 심화되고 1등 브랜드 일수록 이러한 위협에 노출돼 있다. 이러한 현상은 업계를 초월해 전 사업 부문에 걸쳐 일어나고 있는 공통적인 현상이다.

전 세계적으로 시장 세분화가 가장 심화된 나라가 일본이다. 시장 세분화의 출발점이 고객의 필요와 욕구라면 일본은 이러한 고객 니즈와 욕구를 모두 충족시킬 수 있는 제품이 출시돼 있다고 할 만큼 시장이 정교하게 세분화돼 있다. 일본의 문화적인 특징을 의성어로 표현한다면 '오목조목'으로 소비자들의 섬세한 부분까지 상품화하면서 니치 마켓을 선도하고 있다. 이들이 매출규모가 적은 품목까지 상품으로 상용화시킬 수 있는 데는 이미 생산라인을 '소품종 대량생산' 체제에서 '다품종 소량생산'체제로 생산설비를 구축했기 때문이다. 국내 마케터들이 신제품 아이디어를 찾아 일본으로 출장을 자주 가는 것도 모두가 이러한 이유에서다.

일반적으로 시장규모가 큰 성숙시장에는 6개 형태의 기업들이 존재한다. 1등 브랜드를 차지하고 있는 리더Leader와 이에 정면으로 도전하는 첼린저Challenger, 이를 추종하는 추종자Follower, 틈새시장 공략자인 니처Nicher 그리고 다수의 후발·군소업체들과 대형 유통업체들의 PB제품까지 '1강 2중 다약'체제로 타이트하게 구축된다. 시장의 리더는 전체 시장의 확대를 꾀하는 반면에 첼린저는 리더의 자리를 호시탐탐 노린다. 추종자는 미투 제품으로 시장을 향유하지만 니처는 정교한 차별화를 통해 틈새시장을 공략한다. 이러한 시장에서 히트 상품을 개발하기 위해서는 정교한 마케팅 전략이 선행돼야만 한다.

그렇다면 최근의 성숙시장에서 우리가 시장을 성공적으로 세분화하고 경쟁사와 차별화할 수 있는 방안은 무엇일까? 마케팅의 영원한 숙제에 해당되는 매우 어려운 문제이다. 이를 해결하기 위해서는 다양한 시장 세분화 변수에서 문제인식을 가지고 시장기회를 탐색하는 방법뿐이다. 시장을 쪼개고 또 쪼개고 세분화하는 과정에서 자사 상품이나 서비스의 시장기회를 탐색할 수 있다. 해마다 탄생하는 수십여 개 히트 상품의 콘셉트들도 대부분 이와 같은 인고의 과정을 통해 개발된 것이다.

시장 세분화와 타깃팅은 매우 밀접한 관련이 있다. 세분 시장에 따라 시장이 정조준 되기 때문이다. 시장을 세분화할 때 가장 보편적으로 활용되는 변수가 인구통계학적인 변수이다. 시장을 고객의 특성에 따라 정밀하게 세분화하는 전략으로 인구통계학적인 변수에서도 성별에 의한 분류가 가장 보편적이다.

고객들을 남성과 여성에 따라 시장을 구분하는 것으로 패션 의류 상품이나 보석류, 액세서리, 편의품 등이 적용된다. 학력별로도 시장을 세분화한다. 사람들의 지식 수준이나 학력에 따라 다른 구매속성을 지니고 있기 때문이다. 연령별로도 시장을 세분화한다. 유아기부터 청소년기, 장년기, 노년기에 따른 구매 의사결정 과정이 다른데 100세 시대를 맞아 실버 산업을 겨냥한 상품도 주목할 필요가 있다.

소비자들의 라이프스타일이나 개성 등의 심리적인 변수도 고려할 대상이다. 소득수준이나 교육수준, 직업 등에 따라 고객을 특정 군으로 분류할 수도 있다. 중산층이나 귀족층, 상류층 등으로의 구분이 가능하고 그에 따른 구매행동이 크게 달라지기 때문에 VIP 마케팅의 확대나 프리미엄 시장의 활성화 등과 같이 고소득층을 겨냥한 전략도 가능하다. 이밖에도 지역별로도 시장을 세분화할 수 있다. 맞벌이 부부와 전업주부의 소비행태가 서로 다르기 때문에 다른 마케팅 전략을 취해야 한다.

해당 브랜드의 속성이나 콘셉트별로 시장을 세분화하는 방법도 있다. 예를 들어 경쟁사 상품이 3개월을 사용하는 상품이라면 6개월이 사용가능 하도록 기간을 연장하는 방법도 좋은 전략이다. 사용기간을 차별화하는 것이다. 제품의 사용편리성을 개선하는 것도 좋은 방법 중 하나이다. 원산지를 차별화하거나 브랜드명을 콘셉트와 연계해 차별화하는 것도 효과적일 수 있다. 앞에서 언급된 '숙취해소 음료 911'의 콘셉트는 '9시에 마시는'이 핵심으로 경쟁제품과 차별화된 속성을 강조한 상품이다.

B2C 상품을 B2B로 확장하거나 사회적으로 이슈가 되는 테마에 부응한 브랜드도 크게 히트시킬 수 있다. 경쟁사의 약점을 정면으로 겨냥한 브랜드도 효과적일 수 있고, 콘셉트와 콘셉트를 결합한 상품도 히트하는 경우를 자주 목격할 수 있다. 9999명으로 특화한 슈퍼 VVIP카드인 현대카드의 '블랙'과 같이 고객을 특정한 숫자로 한정하는 한정판도 효과적일 수 있고, 콜라보를 통한 공동 마케팅도 효과적일 수 있다.

시대를 앞서가는 세련된 콘셉트도 중요하지만 오히려 복고풍(뉴트로)을 겨냥한 상품들도 히트한다. 대표적인 뉴트로 상품인 하이트진로는 감성을 담은 진로소주로 출시 7개월 만에 1억 병 판매를 돌파했다. 초당 5.4병 판매된 꼴로, 월 평균 약 1436만 병이 팔려 나간 것이다. 출시 당시에 목표했던 연간 판매량을 두 달 만에 돌파할 수 있었던 배경에는 소비자 접점에서의 브랜드 활동을 지속하면서 '2030

젊은 세대'를 제대로 공략했기 때문이다.

뉴트로 콘셉트를 반영한 제품 디자인과 친근하게 다가갈 수 있는 두꺼비 캐릭터를 활용한 광고 캠페인, 다양한 브랜드와의 협업 등으로 브랜드 인지도를 획기적으로 높일 수 있었던 것이다.

대한제분의 밀가루 브랜드인 '곰표'와 패션 브랜드 4XR이 컬래버레이션해 내놓은 '곰표패딩'도 있다. 그밖에 EBS의 인기 캐릭터인 '펭수'를 활용한 빙그레의 '싸만코'도 콜라보의 대표적인 사례다.

시장 세분화를 할 때
반드시 지켜야 할 5가지 원칙

현대가 국내 자동차 시장에 진출할 당시에 포드나 GM 등의 외국산 기업들은 한국의 자동차 시장을 거들떠보지도 않았다. 한정된 시장에서 수요가 뻔하다는 이유였다. 개발도상국으로서 인구가 얼마 되지 않을 뿐만 아니라 금방 시장이 포화상태에 도달할 것이라고 예측했던 것이다. 하지만 외형을 중시하는 한국인의 특성을 크게 간과했다. 몇 년 주기로 새 차를 금방금방 바꾸면서 한국의 승용차 시장이 폭발적으로 성장해 지금은 글로벌 자동차 시장의 각축장이 되었다. 국내 승용차 시장도 전형적인 레드오션으로 구축된 것이다.

여기서의 승자는 단연 현대자동차다. 가성비를 무기로 상품력도 주요했지만 국산이라는 애국심 마케팅도 한몫했다. 이들은 신형차를 출시하는 과정에서 시장 세분화와 관련해 시행착오가 있었다. 대표적인 사례가 '아슬란'이라는 프리미엄 브랜드이다. 지금은 제너시스란 단일 브랜드로 VVIP시장을 체계적으로 공략하고 있지만 초기에는 어설폈다. 프리미엄 승용차로서 확고한 이미지를 구축하고 있던 '그랜저'와 최고급 세단인 '에쿠스' 사이를 공략하기 위해 출시한 '아슬란'의 시장 세분화에는 분명 한계가 있었다.

시장을 세분화하고 정조준 할 때 반드시 지켜야 할 원칙이 있다. 이를 지키지 않을 경우 브랜드 실패로 이어지는 것은 시간문제다. 첫째는 기업의 관점이 아닌 고객의 관점에서 시장을 세분화해야 된다. 마케터가 책상에서 시장 세분화를 수행할 때 가장 유념할 점은 스스로 심취돼 시장 세분화 자체를 위한 세분화를 '탁상공론'하는 경우가 있다. 매우 위험한 발상으로 편견을 버리고 소비자 조사나 객관적 시각에서 수립해야만 한다.

둘째는 얼마나 팔릴 수 있을지가 중요하다. 초점을 좁히면 콘셉트가 명확해져서 좋겠지만 세분된 시장의 규모가 왜소해질 수 있다. 이러한 시장은 시장예측이 중요하다. 각종 수요예측 프로그램이 있지만 실무에서 이를 활용하는 데는 정확도도 떨어질 뿐만 아니라 적용하기도 실제 힘들다. 그럼에도 세분화한 시장에 진입했을 경우 얻을 수 있는 예상매출과 수익에 대해 추정해야만 한다.

셋째는 자사의 재원과 역량에 따른 시너지를 고려해야 한다. 시장 세분화는 한정된 재원이라는 기본적인 문제에 봉착한다. 시장의 사이즈가 매력적이라고 판단될 경우 이를 공략하려면 마케팅 재원의 확보가 필요하다. 또한 동일한 카테고리를 다른 브랜드로 진입할지, 브랜드 확장으로 효율성을 기할지도 선택해야 한다. 기존 브랜드와의 콘셉트 차별화 정도를 반드시 고려해야만 하는데 이를 무시할 경우 채널 중복에 따라 매출액을 잠식하거나 브랜드 이미지를 크게 손상시킬 수 있다.

넷째는 경쟁사를 긴장시킬 만한 시장 세분화인가가 중요하다. 마케터가 자사 상품이나 서비스에 대해 어떤 마케팅 액션을 가할 때 경쟁사가 조바심을 낼수록 좋다. 아울러 경쟁사를 해당 세분 시장에 후발주자로 참여를 유도해야 한다. 전체 시장 파이를 키울 수 있는 가장 강력한 촉매제이기 때문이다. 반대로 경쟁사가 시장 세분화로 자사 상품의 핵심 브랜드를 공격할 때는 경쟁제품의 시장 수요를 예측해 대응하되, 적극적인 대응은 자제하는 것이 좋다. 경쟁사의 계략에 말려들지 않기 위해서다. 의연하고 합리적인 대처가 중요하다.

다섯째는 반드시 소비자 조사를 통해 세분 시장을 검증해야 한다. 지금까지는 마케터가 시장을 세분화한 것이지 고객의 관점은 아닐지 모른다. 정교한 소비자 조사를 통해 소비자들의 구매의향율과 네이밍 등을 치밀하게 검토해야 한다. 소비자가 인정해주지 않으면 무용

지물이기 때문이다.

마케터가 아무리 마음을 비우고 자신이 담당한 상품이나 서비스 시장을 분해하고 쪼개봐도 길이 보이지 않을 때가 있다. 이를 해결하기 위한 방법 중 하나는 자신이 담당하는 카테고리와는 전혀 다른 카테고리를 벤치마킹하다보면 시장세분화에 대한 실마리를 찾을 수도 있다. 모든 길이 로마로 통하는 것과 마찬가지로 모든 시장은 카테고리를 불문하고 소비자라는 공통분모로 마케팅 전략을 수립하기 때문에 그 목적은 같다. 자신이 간과하고 있는 생각하지 못한 중요한 변수가 다른 카테고리에서 제시할 수도 있기 때문이다. 마케터가 폭 넓은 시야를 형성하는 과정에서 경계해야 할 대목은 자신이 담당하는 분야에서 우물 안의 개구리가 되는 것이다.

브랜드 전환이 가장 이루어지기 힘들다는 카테고리가 치약 시장이다. 국내 치약 시장은 전형적인 레드오션 시장으로 기라성 같은 업체들과 브랜드로 점철돼 있다. 전형적인 저가격 생활용품 임에도 자신의 입맛에 한번 맞을 경우 브랜드 충성도가 높아 반복 구매율이 매우 높은 특징을 가지고 있다. 이러한 시장에서 애경은 치밀한 시장세분화로를 통해 '2080치약'을 히트시켰다. 숙취해소 음료인 '911'도 전형적인 레드오션 시장이다. 아무리 어려운 레드오션일지라도 철저한 시장 세분화와 시나리오만 있으면 시장을 지배할 수 있다.

한국인의 특징과
여성 파워

표적 시장을 명확하게 설정하는 것이 타깃팅 전략이다. 타깃팅은 고객과 경쟁사, 채널 그리고 자사 분석을 통해 수립된다. 고객을 바라보는 관점에서 인구통계학적인 변수를 고려해 타깃을 설정하는 방법이 있고, 경쟁사의 상품이나 서비스가 추구하는 목표 시장과 자사 상품이 추구하는 표적시장 간의 차별화 정도를 고려하는 방법도 있다. 유통 경로도 강력한 차별화 수단이다. 유통 경로가 복잡하게 세분화되고 있는 상황에서 채널은 소비자가 해당 상품을 직접 구매하는 고객접점이라는 데 특별한 의미가 있다.

대한민국을 전 세계가 주목하고 있다. 작지만 강한 나라 대한민국. BTS를 비롯해 한식과 영화(봉준호), 스포츠(손흥민, 박인비) 등이 세계를 휩쓸고 있다. 한국은 이미 세계시장의 각축장이 된지 오래다. 다국적기업들이 신제품을 출시할 때 테스트 마케팅으로 한국을 채택한다. 그만큼 소비자들의 반응이 빠르고 정확하다는 것이다.

이처럼 세계인들이 주목하는 한국 시장 중에서 유아 시장에 특히 주목할 필요가 있다. 핵가족화에 따라 자신의 아이들에 대해서는 아주 특별한 의미를 둔다. 프리미엄 브랜드로 진입할 경우에 성공확률도 그만큼 높다. 우리나라 출산율은 1.3명으로 미국에 이어 세계 최저출산율 부분에서 2위를 기록 중이다. 하나뿐인 아이들에게 무엇을 못해주겠냐는 인식이 팽배하다. 대부분 유아를 겨냥한 프리미엄 상품의 성공이 이를 잘 입증하고 있다.

　한국 시장에서는 결혼 시장도 특별한 의미를 가진다. 우리나라 결혼인구는 연간 30만 쌍에 이르고 관련 비용도 전체 GDP의 6퍼센트인 25조 원을 상회한다. 외형을 중시하는 우리나라 사람들의 특성을 반영한 지표로 무한한 시장기회가 있다. 평생에 딱 한 번뿐인 상품으로서 브랜드가 도입되면 성공 가능성이 매우 높을 것이다. 깨끗하고 품격 있는 결혼문화를 선도할 수 있는 플랫폼 비즈니스도 검토 대상이다. 하지만 위협요인도 많다. 결혼 인구수의 급격한 감소와 호텔을 중심으로 예식장이 '빈익빈 부익부'로 등급화 되고 있기 때문이다.

　한국에서는 수험생 시장도 특별하다. 세계에서 최고의 학구열을 지니고 있는 우리나라 학부모들을 대상으로 한 브랜드 도입은 막강한 잠재력을 보유하고 있다. 1318 중고교생을 핵심타깃으로 겨냥한 브랜드 도입에 재평가가 이루어져야 한다. 대학생층도 저평가돼 있다. 400만 명에 이르는 대학생은 미래의 잠재고객인 동시에 SNS활동에서도 중심에 서 있다.

　한국 시장에서 100세 시대와 더불어 산업 분야를 불문하고 실버마케팅에 대한 특단의 대책이 필요하다. 통계청에 따르면 65세 이상 노인 인구는 지난 2000년 전체 인구의 7.2퍼센트에서 2020년 15.7퍼센트, 2030년에는 24.1퍼센트에 달할 것으로 추정된다. 2020년에는 5명당 1명의 노인 부양이 되고, 2030년이면 젊은층 4명이 1명의 노인을 부양하게 된다는 것이다. 예측대로라면 앞으로 10년이면 우리나라의 65세 이상 노인 인구수가 1,000만 명에 육박할 것이다. 최근에 이들을 겨냥한 실버 마케팅으로서 효#를 주제로 한 브랜드 도입이 시도되고 있다.

인구통계학적인 변수에서 여성을 타깃으로 한 '2040'만큼 중요한 세대가 있을까? 마케팅적으로 핵심중의 핵심인 고객군이다. 여성의 사회참여 증가에 따라 이들의 구매력을 간과할 경우 잠재시장 기회를 한꺼번에 잃을 수 있다. 출산율이 세계 최저수준을 보이면서 대한민국은 선진국형 '역삼각형' 모형으로 인구구조가 변하고 있다. 이러한 변화와 맞물려 여성이 핵심구매집단으로 급부상하면서 여성전용 주차장과 VIP룸, 오프라인에서 제공하는 메이크업룸, 여성용 카페 등이 소비의 양극화와 함께 일상화된 것이다.

국내 근로 여성은 약 1,000만 명 내외로 이중에서 주부가 예산을 관리하는 비율도 전체의 55퍼센트에 달한다. 여성들이 직접 가처분소득을 지출할 수 있는 구매력을 형성하면서 여성을 위한 마케팅이 봇불을 이루고 있다. 마케터라면 이러한 환경 변화를 직감할 수 있어야 한다. 아직까지도 여성만을 대상으로 한 잠재시장 기회가 다양하게 존재하고 있다.

포트폴리오로
시너지를 극대화하라

일반적으로 기업들은 기업 브랜드를 중심으로 다수의 개별 브랜드를 운영하고 있다. 전략적 사업단위로서 사업부별로 패밀리 브랜드를 운영하는 곳도 있고, 카테고리별로 개별 브랜드를 운영하는 경우도 있다. 이러한 상황에서 경영진들은 고민에 빠지지 않을 수 없다. 어떤 브랜드를 집중적으로 육성하고 마케팅 재원을 할당할 것이냐는 포트폴리오 문제다. 이때 '시장의 매력도'와 '시장점유율' 등을 평가해 기회를 잘 살릴 수 있는 브랜드에 선별적으로 투자해야만 한다. 하지만 카테고리마다 시장의 경쟁 환경이 다르고, 브랜드파워도 다르기 때문에 마케터들의 고민은 깊을 수밖에 없다.

포트폴리오의 핵심은 기업의 여러 브랜드들의 경쟁적 강점과 매력도를 평가해 강한 사업은 더 많은 자원을 투입하고 약한 사업은 유지나 철수를 고려하기 위해서다. 이러한 브랜드 포트폴리오에서 가장 범용 적으로 활용되고 있는 모델은 '상대적 시장점유율'과 '시장성장률'을 축으로한 BCG 매트릭스다. BCG 모델은 사업이나 브랜드가 처한 상황에서 시장점유율과 시장성장률을 핵심변수로 고려했다는 점에서 마케팅적으로 매우 유용한 수단이다. 미국 보스턴 컨설팅 그룹이 개발한 모델로 초기에는 기업의 전략적 사업단위 분석에서 주로 활용되다가 다수의 브랜드를 분석하는 수단으로 용도가 확대되었다. BCG 매트릭스는 다양한 마케팅 변수들 중에서 시장을 성장률과 점유율로만 분석했다는 한계점에도 불구하고 마케팅적으로 많은 인사이트를 제공해주고 있다.

BCG모델에서는 4분면으로 명명된 개Dog, 젖소Cow, 별Star, 문제아Problem child란 이름의 영역부터 정확히 이해해야 한다. 별Star는 상대적으로 시장점유율이 높고, 시장 성장률도 높은 영역이지만 경쟁사들의 도전이 심하기 때문에 브랜드력 강화를 위해 반드시 선투자가 필요한 영역이다. 잠재시장을 포착해 공격적인 마케팅을 단행해야 한다.

젖소Cash cow는 기업의 수익 근원에 해당하는 일등상품들이 주로 위치하는 자리로 기업이 사업다각화를 수행할 수 있는 원동력을 제공한다는 측면에서 매우 중요하다. 자사의 핵심역량인 젖소 브랜드가 흔들릴 경우 기업의 존립 자체도 위협받을 수 있다. 특히 이러한 일등상품들은 저가격에 의한 군소업체나 대기업들로부터 집중적으로 공격을 받고 있는 상황으로 이들이 해당 카테고리에서 선전하고 있는 이유는 브랜드 로열티 덕분이다.

문제아Problem Child 브랜드는 매우 신중한 관리가 요구된다. 상대적 시장점유율은 낮지만 시장성장률은 높은 영역으로 의사결정이 필요한 브랜드들이다. 시장조사를 통해 브랜드의 문제점을 찾아 리뉴얼하거나 공격적인 마케팅으로 시장점유율을 확보할 수 있다. 현업에서 BCG 모델을 활용해 자신이 담당하는 브랜드를 위치시킬 때 마케터들은 객관적으로는 개에 위치시켜야 할 브랜드를 문제아에 놓고 싶어 하는 경향이 있다. 그것은 자신이 출시한 브랜드의 실패를 인정하고 싶지 않기 때문에 발생하지만 실패한 브랜드의 매몰비용에 집착할 경우 더 큰 손실을 야기할 수 있다.

개에 위치한 브랜드는 상대적으로 시장점유율이 낮고 시장성장률도 낮은 브랜드로 철수냐 또는 재도전이냐는 기로에 놓여 있다. 미투제품들은 일정한 시간이 경과하면 개의 영역에 위치하기 마련이다. 이러한 브랜드는 콘셉트를 변경해 리포지셔닝 시키거나 현금을 확보한 이후에 시장에서 퇴출시켜야 한다.

복잡하게 느껴질 수도 있지만 BCG모델의 4분면에 위치하는 별/젖소/문제아/개는 합리적으로 설정된 이름이다. 젖소는 인간에게 매일 우유를 공급하면서 기업에게 없어서는 안 될 에너지의 공급원이라는 측면에서 젖소로 명명했을 것이요, 별은 국경과 문화를 초월해 희망을 상징하는 선망의 대상이라는 측면에서 적합하고, 문제아는 현재는 부정적이지만 마케팅 전략에 따라 빅브랜드 육성할 수 있는 브랜드를 말하고, 개는 토끼사냥이 끝난 후 필요 없는 사냥개에 해당하는 '토사구팽兎死狗烹' 이라는 고사성어로 잘 설명될 것이다.

마케팅은 인식의 싸움이다

　롯데가 과감하게 CICorporate Identity 교체를 단행했다. CI 변경에 대한 CEO의 고심을 읽을 수 있다. 이들이 수십 년 동안 쌓아온 기존의 로고를 버리고 획기적인 심벌을 채택한 이유는 무엇일까? 2세 경영을 맡아 새로운 이미지를 팔겠다는 포석이다. 지금까지 투자해온 수천억 원 이상의 마케팅 비용을 포기하고 수백억 원의 마케팅 재원을 TV매체와 온라인 등의 다양한 채널에 전 방위적으로 투자하고 있다. 소비자들의 마음속에 자리 잡고 있는 기존의 롯데라는 이미지를 전격적으로 교체하겠다는 것이다. 동부그룹도 DB로 사명을 교체해 공격적인 마케팅을 전개하고 있다. IBM 하면 가장 먼저 떠오르는 것이 글자의 가로선이고, 애플의 사과, 삼성하면 타원형과 파란색을 떠올리는 것처럼 글로벌 시대에 부합한 사명으로 시장을 체계적으로 공략하기 위해서다.

　사람들은 같은 품질이라도 이미지가 좋은 것, 좋은 디자인, 내 감성에 맞는 제품을 고른다. 이러한 소비자들의 기대에 부응하기 위해 기업들은 항상 변화된 모습을 보여주기 위해 노력한다. 세계적인 브랜드 자산을 보유한 코카콜라도 시대의 변화에 맞게 CI를 조금씩 보완하면서 항상 새로운 느낌을 가질 수 있도록 작업해오고 있다. CI는 기업이나 공공단체가 가지고 있는 특정한 이미지를 시각적으로 단일화함으로써 대외적으로 자사가 추구하는 이미지를 고객들에게 정확히 정립할 수 있고, 내부적으로는 새로운 기업문화 쇄신을 통한 임직원들의 단결심과 애사심을 고취시키기 위한 경영전략이다.

　사람에게 이미지는 중요하다. 기업들에게서 느끼는 사람들의 이미지도 다양하다. 사람의 내면보다 외부로 노출된 외모를 보고 그 사람의 품성을 평가하는 것처럼 사람들은 기업을 평가할 때도 기업의 실질적인 내면보다 밖으로 노출된 기업의 형상이나 로고, 심벌 같은 이미지로 평가하는 경향이 있다. CEO들은 자기 회사의 이미지 평가에 무척이나 민감하다.

　사람의 얼굴에 해당하는 기업 이미지는 기업의 인격이다. 인격은 겉으로 잘 드러나지 않지만 시간이 지나면서 사람들은 알게 된다. 모든 정보가 오픈된 정보투명성 스마트폰 시대를 맞아 똑똑해진 소비자들은 해당 기업의 속성을 검색해보면 금방 알 수 있다. 이전과 달리 TV 광고를 중심으로 대대적인 물량공세로 기업 이미지를 일시에 바꾸기가 쉽지 않다는 말이다. 반면에 경영자들은 CI 성과를 재촉하지만 CI는 단순히 기업명을 바꾸고 광고하는 차원이 아니다. 모든 임직원이 하나 될 수 있는 공감대부터 이끌어내라. 그래야지 임직원들을 통해 똑똑해진 소비자들을 설득시켜 나갈 수 있다.

소비자 마음을 공략하는
3가지 방법

마케팅의 꽃은 광고다. 광범위한 마케팅 업무들 중에서 광고가 마케팅의 꽃이라 불리는 특별한 이유가 있다. 그만큼 막대한 마케팅 비용이 투입되기 때문이다. 기업들이 해마다 수천억 원의 마케팅 비용을 TV 광고에 쏟아 붓는 이유는 무엇일까? 여러 가지 이유가 있겠지만 자사에게 유리한 이미지 포지셔닝을 선점하기 위해서다.

이러한 배경에는 마케팅은 제품이 아니라 인식의 싸움이기 때문이다. 다시 말해 시장이라는 싸움터야말로 소비자들의 마음속이고 굳건하게 형성된 브랜드 로열티가 소비자들의 구매의사결정에서 가장 큰 영향을 미친다. 소비자들은 구매 의사결정을 내릴 때마다 제품을 재평가할 수 없기 때문에 의사결정을 단순화할 목적으로 제품이나 서비스의 제조회사(브랜드)를 마음속의 특정 위치에 저장시킨다. 볼보하면 안전한 차, 빙그레는 아이스크림, 샘표의 간장처럼 말이다.

브랜드를 소비자들의 머릿속에 명확하게 포지셔닝시키기 위해서는 강력한 한 마디 단어를 만들어야만 한다. 그것이 브랜드명이든, 제품의 속성이든 마케터가 의도한 키워드를 소비자들의 마음속에 정확히 꽂아야만 한다. 포지셔닝은 자사의 상품이나 서비스에 대한 브랜드를 소비자들의 머릿속에 무엇으로 각인시키는 전략이다. 포지셔닝은 경쟁사의 모방이 쉽지 않은 강력한 메시지로 떨어질수록 효과적이다. 포지셔닝은 고객이 선택하고 인식하는 브랜드 연상으로 브랜드의 콘셉트와 연계된 소비자 언어다.

포지셔닝 전략에서 가장 중요한 것은 키워드 선정이다. 상품의 속성에 따라 두세 번째 의미도 나름대로 역할이 있지만 소비자 머릿속에 처음으로 떠오를 수 있는 연상 이미지, 즉 '키워드'가 핵심이다. 시장이 끊임없이 변화하는 것처럼 포지셔닝도 변수에 따라 유동적으로 변하기 때문에 지속적으로 추적 관리해야 한다. 너무 많은 단어를 소비자에게 기억시키려는 의도는 정작 한 마디도 기억시킬 수 없을지 모른다. 포지셔닝을 수립할 때는 다음에서 제시하는 3가지 이슈를 반드시 고려해야 한다.

첫째로 포지셔닝 워드는 상품이나 서비스 콘셉트와 일치하는 한 단어에서 찾아라. 마케팅 전반에서 IMC 전략은 예외가 될 수 없다. 포지셔닝도 마찬가지다. 키워드를 반드시 상품이 지향하는 콘셉트에서 찾아야만 한다. '911'처럼 네이밍은 상품의 콘셉트에서 도출돼야 효율적이고, 포지셔닝은 상품콘셉트에서 도출돼야 효과적이다.

둘째로 포지셔닝 키워드는 연속적으로 캠페인이 가능한 단어에서 찾아라. 키워드를 소비자 머릿속에 심기 위해서는 막대한 비용이 소요된다. 키워드는 모든 광고물에서 키메시지로 전환돼 연속적으로 사용돼야 한다. 한 번 제대로 만들어서 오랫동안 소비자 마인드를 공략할 때 누적효과가 생긴다. '911캠페인'은 그 자체가 포지셔닝을 선점할 수 있는 프로모션 수단이 된다. 이를 시리즈물로 만들어서 2040 직장인과 대학생을 일관되게 공략한다면 그들의 머릿속에 쉽게 침투할 것이다. 외국의 광고물들이 동일한 콘셉트의 광고를 몇 년간 유지하는 것도 브랜드에 대한 일관된 포지셔닝을 구축하기 위해서다.

셋째로 광고를 제작할 때 커뮤니케이션 콘셉트에 포지셔닝 키워드를 녹아들게 하라. 일반적으로 성공적인 포지셔닝을 수행한 브랜드의 공통점은 포지셔닝 키워드를 커뮤니케이션 콘셉트로 정확하게 전환시켰다. 광고의 키메시지 속에 포지셔닝 키워드를 함축시킨 것이다.

일반적으로 후발 상품이 선발 브랜드의 인지도를 따라잡기 위해서는 선발사가 투자한 비용의 3배 이상을 투자해야 한다고 하는데 이 말 속에는 포지셔닝의 중요성이 내포돼 있다. 포지셔닝은 소비자 마음속에 자리한 브랜드의 인지된 가치로 소비자 조사를 통해 경쟁 브랜드와 자사 브랜드 위상을 수시로 분석해야 한다. 시장의 결정권자는 소비자이기 때문이다. 아무리 그럴싸하게 포장된 포지셔닝이라 해도 매출이 발생하지 않으면 아무런 의미가 없다. 매출액 증대를 연계시키려면 확 끌릴 수 있는 포지셔닝 키워드를 개발해야만 한다.

마케팅은 전쟁에 비유되곤 한다. 손자병법에서 손무는 '모공편'에서 '상대를 알고 나를 알면 백 번 싸워도 위태롭지 않다'고 주장 했는데 '상대방과 자신의 약점과 강점을 파악해 승산이 있을 때 싸워야 이길 수 있다'는 스왓 분석과 정확히 일치하고 있다. 손무는 "적과 아군의 실정을 잘 비교 검토한 후 승산이 있을 때 싸운다면 백 번을 싸워도 결코 위태롭지 아니하다. 그리고 적의 실정은 모른 채 아군의 실정만 알고 싸운다면 승패의 확률은 반반이다. 또 적의 실정은 물론 아군의 실정까지 모르고 싸운다면 만 번에 한 번도 이길 가망이 없다"고도 말했다.

SWOT분석은 마케팅의 모든 분야에서 반드시 점검해야 할 수단이다. 스왓 분석SWOT analysis이란 마케팅 환경요인에 영향을 미치는 각각의 변수를 자사 내부적인 측면에서의 강점Strength과 약점Weakness 그리고 대외적인 부분에서의 기회요인Opportunity과 위협요인Threat으로 구분해 체계적으로 자사의 강약점을 분석하는 마케팅 툴이다. 마케팅 활동에 대한 경쟁적 우위는 더욱 강화하고 약점은 보완함으로써 마케팅목표를 효과적으로 달성하기 위한 전술로 '지피지기면 백전불패'

를 위한 실천적 방안이다.

스왓 분석은 마케팅 전략을 실행하기에 앞서 반드시 점검해야 할 수단으로 어떠한 전략도 강점만 있거나 약점만을 가질 수는 없다. 마케팅 전략이 명확할수록 스왓 분석도 긍정적인 결과가 도출되고, 마케팅 전략이 불명확하면 부정적인 결과가 도출된다. 즉, 스왓 분석 자체는 마케팅 전략의 후행변수에 불과할 수 있다. 스왓 분석은 마케팅 전략을 보완함으로써 향후 어느 부분을 강화하고, 어느 부분을 포기할지에 대한 길라잡이 역할을 해줄 수 있다. 스왓 분석을 작성할 때는 기업의 내부적인 요인에 따라 구분하는 것이 강점과 약점이고, 외부적인 요인을 기준으로 구분된 것이 기회요인과 위협요인이다.

일반적으로 시장은 1등 브랜드를 기점으로 2위, 3위 기타 브랜드들로 시장점유율을 확보하고 있다. 특별한 경우를 제외하고 대부분 1등 브랜드의 공통점은 시장에 맨 먼저 진입한 브랜드로 이들은 과거에 공격적인 마케팅을 통해 소비자 인식을 선점했다. 하지만 대부분의 1등 브랜드들은 저가격에 의한 군소업체 브랜드, 심지어는 대형유통업체의 PB 브랜드들로부터 극심한 공격을 받는다.

1등과 2등 브랜드 간에 시장점유율 차이가 미약할수록 이러한 양상은 두드러지게 발생한다. 오히려 1등 브랜드일수록 시장구도를 예측하고 변화를 혁신하라. 시장점유율이 무너지기 시작하면 걷잡을 수 없는 상황으로 치달을 수 있기 때문이다. 만일 1등 브랜드의 시장점유율이 30퍼센트 미만으로 하락한다면 주체할 수 없는 파국으로 치닫는 적신호로 시장이 성숙할수록, 시장규모가 클수록, 경쟁자수가 많을수록 이러한 현상은 심화될 것이다.

이를 방어하려면 마켓리더로서 시장 확대나 시장개발, PR 등과 같은 전략을 통해 브랜드력을 더욱 확고하게 다져나가야만 한다. 1등 브랜드를 관리하는 일은 쉽지 않다. 1등 브랜드는 매출과 수익이라는 두 마리 토끼를 동시에 잡아야 하고 벌어들인 수익으로도 신상품 재투자가 이루어지기 때문이다.

차별화 전략을 세우는
4가지 원칙

──────── 기업의 경쟁우위 전략에는 3가지 방향성이 있다. 원가우위 전략과 차별화 전략, 집중화 전략이다. 원가우위 전략은 말 그대로 간단하다. 매우 낮은 비용으로 제품을 생산해서 가격 경쟁력을 가져가겠다는 전략으로 여기서는 효율적인 설비 투자나 판매관리비의 절감이 절대적으로 중시된다. 집중화 전략은 특정한 산업 군에서 독보적인 경쟁력을 구축하기 위한 전략으로 오디오에서의 인켈, 문구류하면 모닝글로리 등을 예시할 수 있다. 문제는 차별화 전략으로 이에 따라 기업 경쟁력은 크게 달라질 수 있다.

성공한 사람들의 공통점은 하나같이 남들과 다른 차별화된 삶을 살았다는 점이다. 마케팅에서 성공한 브랜드도 마찬가지다. 히트 상품의 공통점은 다른 브랜드와 분명히 다른 무언가를 가지고 있다. 이들은 상품 자체가 다른 회사 제품과 독특한 차별점을 가지고 있거나, 광고 커뮤니케이션 콘셉트가 명확했거나 아니면 프로모션 아이디어가 특별했을 것이다.

차별화 전략은 어려운 마케팅 과업이다. 필드를 뛰고 있지 않은 사람이 구체적인 차별화 전략을 제시한다는 것은 탁상공론일 뿐이다. 즉, 차별화된 전략을 수립하는 일은 오랜 마케팅 경험을 가진 부장급 마케터나 타성에 물들지 않은 초보 마케터나 한결같이 어려운 문제다. 차별화된 아이디어를 찾아 매일매일 고민하지만 결코 쉽지 않다. 차별화 전략을 수립할 때는 몇 가지 고려할 사항이 있다.

첫째, 브랜드는 강력한 차별화요인 중 하나다. 시장이 전무한 카테고리에 최초로 브랜드 개념을 도입하는 전략이다. 여기서는 시장진입 순서가 시장점유율을 결정한다. 국내 대부분의 카테고리에서 1등으로 진입한 프랜차이즈 사업이 대체로 그렇다. 이들은 기존에 개인사업자들이 운영하던 음식점이나 세탁소, 치킨 집, 빨래방, 소형 슈퍼 등에 브랜드를 도입해 시장을 선도하고 있다. 아직까지도 브랜드가 없는 카테고리가 있다면 브랜드를 도입하라. 국내 의류세탁 시장에서 브랜드를 최초로 도입한 '크린토피아', 대표적인 문구 브랜드인 '베스트오피스' 등이 대표적 사례다.

둘째, 브랜드 네이밍 자체가 강력한 차별화 수단이다. 성숙 시장에 진입할 때 정교한 STP전략을 수립한 후 이를 액션으로 옮길 때 마케터는 브랜드 네이밍에 각별한 애정을 쏟아야 한다. 앞에서도 강조했듯이 '911'과 같이 독특한 브랜드 네이밍 자체가 이미 강력한 차별화 수단으로 작용할 수 있다.

셋째, 차별화 전략은 모든 마케팅 수단에서 적용해야 한다. CEO 관점에서 차별화 전략은 마케팅에 국한되지 않는다. 인사정책이나 생산, R&D에서도 경쟁사와 차별화할 수 있는 포인트를 찾아라. 차별화 전략은 IMC 관점에서 기획되고 실행돼야 한다. 신제품 개발뿐만 아니라 기존제품 개선이나 리뉴얼시 항상 고민하고 실천할 이슈다. 예를 들어 PR을 시행할 때도 경쟁사와 유사한 아이디어로 기자를 결코 설득시킬 수 없다. 차별화된 테마와 콘셉트로 기사를 유도할 때만이 당신이 작성한 PR기사는 기자들의 휴지통에 들어가지 않을 확률이 높다. 그 밖에도 광고 한 편을 만들 때도, 프로모션 아이템을 기획할 때도, 전략적 제휴를 추진할 때도 차별화된 아이디어 발굴이 반드시 뒤따라야 한다.

넷째, 차별화된 아이디어가 없다면 차라리 포기하는 것도 방법이다. 책상에서 차별화를 위한 차별화는 곤란하다. 경쟁사가 새로운 카테고리를 개척해 급속하게 시장이 커나갈 때 담당자들은 초조해질 수밖에 없다. 시간이 지나면 지날수록 그만큼 해당 시장에 진입하기가 어렵기 때문이다. 더욱이 자신이 담당하고 있는 브랜드가 타격을 받을 정도로 신제품으로 브랜드 전환이 이루어진다면 대부분 마케터들은 차별화된 전략 없이 비슷하게 상품을 카피해 출시하기도 한다. 참으로 어리석은 행위이다. 이런 카피 제품들은 시장전이를 가속화시켜 오히려 경쟁사를 도와주는 꼴이 된다. 물론 약자의 입장에서 물타기 전략으로 미투 제품을 출시하는 경우도 있다. 하지만 이러한 미투전략도 삼가 하는 것이 좋다. 저가격에 의한 출혈경쟁으로 서로에게 상처만 줄 뿐이다.

내용물의 컬러를 변경하거나 적당한 네이밍, 조금 변형된 제품 디자인으로 차별화 자체를 위한 차별화를 지향하는 것은 자멸을 뜻한다. 이렇게 설계된 제품들은 자사 입장에서는 분명히 신제품이겠지만 소비자 입장에서는 아류작에 불과할 수 있다. 명확한 아이디어가 없다면 차라리 시장을 포기하라. 적어도 창고에 재고는 쌓이지 않을 것이며 자사 브랜드 간 유통 경로상 심각한 자기잠식을 막을 수 있고, 신제품 개발에 소요되는 투자비용과 시간을 절감할 수 있기 때문이다. 마케터로서 기존 브랜드를 방어하면서 차별화된 아이디어를 찾을 때까지 인내하는 것도 전략이다.

마케터는 남의 말에 주의를 기울일 줄 알아야 한다. 아무리 경험이 풍부해도 마케팅에 정답이란 없다. 거시적인 요건과 경쟁, 내부 환경이 그때마다 다르기 때문이다. 독단적인 마케터들은 자기의 철학과 신념이 전부인줄 안다. 이들은 탁상공론으로 자기만족에 도취한 차별화를 시도하고 마케팅 비용을 투하하지만 시장은 쉽게 움직이지 않는다. 이때 이들은 문제의 원인을 차별화전략의 부재에서 찾기보다 영업부서나 R&D를 원망하는 경향이 있다.

차별화 전략을 수립할 때 조심해야 할 변수는 제품의 칼러나 제품의 향과 같은 2차적 편익을 강력한 차별화 요소로 내세우지 말아야한다. 이들은 2차적인 속성일 뿐 차별화 요인이 아니다. 품질력도 마찬가지다. 최근 기술의 진보와 생산 라인 표준화로 품질력은 대동소이하다. 최고의 품질을 외치는 일은 더 이상 차별화가 아니다. 물론 IT처럼 기술력이 핵심인 카테고리는 예외일 수 있다. 가격을 차별화 포인트로 내세울 때도 유념해야 한다. 가격은 마케팅믹스의 한 축이다. 물론 할인점이나 저관여 상품에서는 가격을 핵심적인 차별요소로 내세울 수 있다.

차별화 포인트로 일반명사는 가급적 배제하는 것이 좋다. 고객만족이나 전문, 최고, 강력, 1등과 같은 범용적인 말은 차별화 요인으로 미약하다. 진부하고 식상할 뿐만 아니라 고객들에게 새로움을 줄수도 없다. 이성적인 키워드로 차별화된 포인트를 발굴하라. 강조컨대, 마케팅 전략의 성패는 차별화 전략에 달려 있다.

5가지
가격 전략과 방향

이론적으로 '가격은 싸고, 품질은 좋은' 제품이

가능할까? 천만의 말씀이다. 소비자들은 가격에 관한 일상적인 믿음을 가지고 있다. 가격이 비싼 제품은 품질도 좋을 것이라는 통념이다. 그러면서도 소비자들은 이율배반적으로 품질이 좋으면서 가격도 싼, 가성비가 뛰어난 제품을 찾는다. 가격 전략이 어렵다는 의미다.

효과적인 포지셔닝 관리를 위해 가격은 중요한 전략이다. 소비자 인식에서 가격은 브랜드의 가치와 직결되기 때문이다. 히트 브랜드의 공통점 중 하나는 마케팅믹스를 잘 관리했다는 점과 함께 특별히 부각될 수 있는 하나의 독특하게 차별화된 강점을 가지고 있다.

반면 실패한 브랜드의 공통점은 마케팅믹스(제품, 가격, 유통, 프로모션)에서 한 가지 치명적인 실수를 범하는 데 그 실수 중에서 가격이 차지하는 비중도 의외로 높은 편이다. 성공적인 가격 설정이 모든 제품의 성공을 보장하는 것은 아니지만 성공한 히트 상품 역시 성공적인 가격전략이 주요했음을 명심해야 할 것이다.

마케터가 신제품의 가격을 고려할 때 가장 선행돼야 할 점은 제품 출시의 목적을 명확하게 규정하는 일이다. 목적에 따라 가격전략이 달라지기 때문이다. 필요에 따라 1등 브랜드를 보호할 목적으로 저가격 제품을 출시하는 경우도 있다. 최적의 가격설정을 위해 지켜야 할 방향성과 원칙이 있다.

첫째, 이익을 우선시하는 가격 설정이다. 기업이 신제품 가격을 설정할 때 가장 관심이 있는 분야가 이익률이다. 이익이란 공장도가격

에서 제조원가를 차감한 이익을 말한다. 단순하게 원가가 낮고 공장
도가격이 높을수록 기업의 이익은 증가하게 된다. 농수산물과 같이
생산지 시세에 따라 소매가격이 형성되는 카테고리를 제외하고 대부
분 공산품은 일정한 수준대로 이미 가격이 형성돼 있기 때문에 제조
원가 경쟁력은 기업수익과 직결된다.

둘째는 경쟁사를 고려하는 가격 설정이다. 기업에서 신제품 가격
을 설정할 때 실질적으로 가장 큰 영향을 미치는 변수가 경쟁 제품의
가격이다. 제조원가가 기업내부에서 통제가 가능한 반면에 경쟁 제
품 가격은 통제가 불가능하다. 경쟁중심적 가격 설정은 3가지 방법
으로 요약된다. 경쟁제품 대비 고가격 전략은 자사제품이 차별화된
독특한 경쟁적 이점을 지닐 때나 막대한 마케팅 재원을 투하할 수 있
을 때, 장기적으로 미래 잠재시장이 크다고 판단할 때 유효하다. 반
대로 경쟁제품 대비해 저가격 전략은 경쟁적 우위요소가 없을 때, 이
익보다 단기적인 시장점유율이 중요할 때, 가격탄력성이 높은 저관
여 카테고리일 때 유효할 것이다.

셋째 소비자를 고려한 가격 설정이다. 아무리 좋은 제품일지라도
소비자가 구입하지 않으면 아무런 소용이 없다. 소비자들에게 가성
비가 뛰어나다고 느낄 수 있는 가격 전략이다. 유의할 점이 있다면
소비자 조사 결과를 액면 그대로 반영해 가격을 설정하는 것은 매우
위험한 발상이다. 소비자 조사는 마케터가 잠정적으로 설정한 가격

을 검증하는 수단으로 활용해야 한다. 만일 마케터가 제시한 가격과 소비자가 제시한 가격 사이에 큰 차이가 발생하면 마케팅 전략에 대한 재검토가 요구된다.

넷째는 가격탄력성을 고려한 가격 설정이다. 제품 카테고리에 따라 가격과 관련된 소비자들의 구매행동이 다르게 나타난다. 제품의 특성이나 관여도 따라 가격탄력성이 다르기 때문이다. 수요법칙이란 가격이 쌀수록 제품을 더 많이 구매한다는 이론으로 가격을 세로축(Y축), 판매량을 가로축(X축)으로 할 때 우하향하는 곡선으로 나타난다. 가격탄력성과 제품의 관여도 사이에는 매우 긴밀한 관계가 있다. 슈퍼마켓에서 판매되는 가격이 낮은 소비재 용품의 경우 대부분 저관여 제품으로 가격변화에 따라 판매량 변화가 민감하게 나타나지만 승용차와 같은 고관여 제품은 비탄력적인 특징을 가지고 있다.

다섯째로 소비자들의 심리를 고려한 가격설정법도 중요하다. 소비자들은 10,000원이라는 5자리 숫자보다 9,900원이란 4자리 가격에 대해 심리적으로 적게 인식하는 경향이 있다. 이러한 가격 설정법은 유통업자들이 소비자 가격을 설정하는데 널리 활용된다. 10,000원이 아닌 9,900원, 50,000원이 아닌 49,500원, 100,000원이 아닌 99,000원 등의 가격표는 모두가 소비자들의 심리를 노린 것이다.

Part 3

마케팅 전략의 실행

브랜드 리더십을
확보하라

　마케터에게 가장 설레는 순간이 있다. 자신이 기획한 신제품이 생산을 앞두고 공장에서 생산 라인을 최종적으로 점검할 때다. 부자재가 공장의 창고에 입고돼 공장장이 기계에 파워를 넣는 순간, 쿵쾅거리는 기계음과 함께 마케터의 심장 박동도 함께 뛰기 시작한다. 부자재가 컨베이어 벨트를 타고 여기저기를 돌아 마지막 라인을 통과하고, 박스로 포장돼 완제품이 나올 때의 기쁨은 이루 말할 수 없다. 그때 드는 생각이 있다. 반드시 신제품을 시장에서 성공시키겠노라고. 그렇게 성공을 원한다면 취할 수 있는 확실한 전략이 있다. 다름 아닌 시장에서 브랜드 리더십을 확보하는 것이다.

　마케팅의 결정체는 브랜드다. 기업이 소비자와 지속적으로 커뮤니케이션을 수행하는 수단은 브랜드다. 마케팅에서 끊임없이 제기되고 있는 이슈인 브랜드는 소비자들의 마음속에서 만들어진다. 즉, 공장에서 만들어지는 것이 제품이라면 브랜드는 소비자들의 마음속에서 만들어지는 것이다. 이처럼 제품과 브랜드는 엄밀하게 다르고 실로 엄청난 차이가 있다. 제품이란 물리적인 상품 자체에 살아 있는 영혼 Spirit이 부여된 것이 브랜드다.

마케팅과 브랜드는 떼려야 뗄 수 없는 한 몸이다. 마케팅의 모든 업무는 시장에서 브랜드 리더십을 확보하는 일이다. 브랜드 리더십을 확보하면 매출액은 자연스럽게 따라오기 마련이다. 엄밀한 측면에서 매출은 브랜드 리더십의 후행변수에 불과할 수도 있다.

CEO가 브랜드에 대한 철학을 잃고 단기적인 매출에 쫓기다 보면, 마케팅 부서를 영업지원부서로 전락시킬 수 있다. 영업이 주장하는 과도한 가격 할인이나 덤 물량에 의한 세일즈 프로모션을 진행하는 행위는 일시적으로 매출을 달성할 수 있을지 몰라도 이것은 마약과 같아서 다시 판촉을 진행하지 않을 경우 매출이 발생하지 않는 악순환의 함정에 빠질 수 있다. 브랜드는 상품을 식별하는 표식의 차원을 넘어 시장을 지배하는 원천적 힘이다.

브랜드 리더십 확보해야 하는
5가지 이유

브랜드는 판매자가 자신의 제품이나

서비스를 식별하고 다른 경쟁자와 구별하기 위해 사용하는 명칭Name이나 용어Term, 심벌Symbol, 디자인Design 등을 말한다. 여기서 한발 더 나아가 광의적 개념으로서의 브랜드는 제품을 포함한 이미지의 총체적 집합체를 말한다. CEO가 브랜드를 단순히 상품의 이름 정도로 이해하는 것은 곤란하다. 브랜드는 경우에 따라 심벌이나 로고가 강력한 파워를 가지고 있다. 나이키나 맥도날드, 애플, 삼성 등의 로고를 떠올리면 이해가 빠를 것이다.

시장에서 브랜드 파워를 평가하는 외부적인 척도는 인지도와 구매의향율, 내부적인 척도는 매출액과 이익률, 시장점유율을 높이 친다. 브랜드 파워가 클수록 시장지배력도 크지만 그렇다고 이들이 브랜드 리더십까지 뛰어난 것은 아니다. 후발사라도 시장에서 얼마든지 브랜드 리더십을 장악할 수 있다. 시장에서 브랜드 리더십을 구축하려면 소비자가 차별화된 혜택을 현저하게 느낄 수 있어야만 한다. 경쟁사가 내세우는 전략과 완전히 다른 차별된 혜택을 타깃에게 제시할 수 있다면 게임의 룰을 지배할 수 있고, 이러한 브랜드 리더십을 확보하면 시장(매출)은 서서히 움직이기 시작한다.

브랜드는 제품보다 소비자에게 한발 더 다가선 진보적 개념이다. 기업들은 시장에서 브랜드로 고객과 커뮤니케이션을 진행하고 있다. 브랜드는 사람과 마찬가지로 시간이 지날수록 연로해지기 때문에 제품수명주기에 따라 리포지셔닝Repositioning 시켜야 한다. 이것은 대부분의 장수 브랜드들이 풀어야 할 숙명적 과제다. 브랜드는 시간이 지나면서 소비자들 마음속에서 끊임없이 변하려는 속성 때문에 트렌드에 맞게 재구축할 필요가 있다. 브랜드에 살아 있는 영혼을 재투입해야 한다는 말이다.

브랜드에 대한 어원은 BC 7C경 고대 그리스 상인들이 항아리에 부착한 특별한 표식에서 비롯되었다. 고대 노르웨이 언어인 'Brandr(불로 새겨지다)'에서 파생되었다는 설과 16C초 영국 위스키 제조업자들이 위스키 나무통에 인두를 찍는다는 의미인 영어 'burned'에서 유래되었다는 설로 나뉜다. 당시에도 브랜드는 자사 상품과 타사 상품을 구별하기 위한 표식으로 사용되었고, 산업혁명을 계기로 정교하게 발전해오고 있다.

브랜드가 마케터에게 중요한 이유는 '브랜드 자산Brand Equity'이 수익과 직결되기 때문이다. 이전에 기업의 자산가치를 말할 때 보편적으로 거론되던 부동산이나 생산설비 등이 브랜드 로열티에게 자리를 넘겨준 것이다. 국내에서 브랜드가 이슈화된 결정적 계기는 한국존슨이 '애프킬라'를 약 390억 원에 매입한 사건이었다. 그때부터 기업들 간 브랜드에 대한 매매가 전개되면서 브랜드 로열티의 중요성을 실감한 것이다. 실제로 기업은 파산해도 시장에서 1등 브랜드는 결코, 쉽게 사라지지 않는다. 브랜드 로열티는 호황기 때보다 불황기 때 더욱 빛을 발하는데 최악의 경우 기업이 위기 상황에 봉착했을 때 자신이 소유한 막강한 브랜드 자산을 처분함으로써 다시 도약할 수 있는 기반을 확보할 수 있다.

마케팅이 궁극적으로 지향해야 할 목적지는 브랜드 리더십이다. 경쟁사를 제압하고, 시장을 지배할 수 있는 원천적 힘의 근간이 되는 브랜드 리더십은 브랜드 로열티에서 발원한다. 고객들에게 그 브랜드를 사야만 하는 이유를 명쾌하게 제시할 수 있을 때 브랜드 로열티는 강력하고, 정체성도 명확해진다.

브랜드 자산이란 브랜드가 보유하고 있는 심벌이나 이름, 상징물 등의 총체적인 개념이다. 사전적으로도 브랜드의 이름, 상징과 관련하여 형성된 자산으로 제품에 브랜드를 붙임으로써 추가되는 부가적인 가치를 말한다. 이것은 브랜드가 없을 때보다 높은 매출과 마진을 보장해줄 수 있다. 이전에는 기업이 망하면 기업이 보유한 기계나 설비, 토지, 공장 등과 같이 화폐 가치로 환산할 수 있는 유형의 자산을 기업의 가치물로 평가했지만 지금은 완전히 바뀌었다. 기업의 브랜드 자산을 산술적으로 평가해 장부가치에 반영하고 있다.

기업들이 전략적으로 브랜드 리더십의 근간이 되는 자산가치를 관리해야 하는 첫째 이유는 무엇보다 무형의 자산가치 1호이기 때문이다. 기업의 가치는 기업이 보유한 유형의 자산을 통해 평가된다. 최근에는 무형의 자산가치인 브랜드가 유형화돼 평가받고 있다. 기업의 인수·합병에서 실질적인 가치로 거래되고 있고, 이러한 브랜드가치는 더욱 큰 영향력을 발휘할 것이다.

둘째는 기업의 마케팅 효율성을 강화하기 위해서다. 브랜드 자산이 높은 브랜드는 프리미엄 가격 책정이나 판촉에 대해 낮은 의존도를 보인다. 이것은 브랜드 자산가치가 높을수록 고객들로부터 브랜드 충성도가 강하기 때문이다. 고객들은 브랜드가 제시하는 핵심적인 편익이나 혜택을 믿고 제품을 구매하고 브랜드는 소비자에게 제품에 대한 보증과 구매 리스크를 감소시켜 주는 역할을 한다. 이제 브랜드력이 없는 제품은 상상할 수가 없게 되었다.

셋째는 고객의 효율성을 강화하기 위해서다. 브랜드 자산가치가 높은 브랜드는 신규 고객의 유입과 기존 고객의 이탈을 방지할 수 있다. 소비자와의 강력한 관계 유지는 브랜드 충성도로 연결돼 마케팅 비용을 절감할 수 있다. 특정한 브랜드를 지속적으로 구매하는 고객층이 형성되기 때문이다. 이러한 고객들은 브랜드를 통해 자신의 가치를 표방하는 동시에 브랜드의 애호가로 발전한다.

넷째는 유통업체와의 협상에서 힘의 우위에 설수 있다. 대형할인마트의 등장과 유통의 다변화로 유통업체로 힘이 급격히 전이되고 있다. 이러한 상황에서 브랜드 자산가치가 높은 브랜드는 유통업체나 공급업체들로부터 유리한 입장을 선점한다. 그들이 요구하는 과도한 가격 할인이나 덤핑으로부터도 브랜드를 보호할 수 있을 뿐만 아니라 경쟁 브랜드에 대해서도 일정부분 압력을 행사하면서 시장을 선도할 수 있다.

다섯째는 사업의 다각화를 도모할 수 있다. 기업에서 신규로 사업을 기획하거나 브랜드 출시를 기획할 때 고려되는 가장 큰 이슈가 사업명이나 브랜드명이다. 막강한 브랜드 파워를 보유한 기업에서는 신규 사업이나 브랜드로 기존 브랜드를 확장하는 전략을 취할 수 있다. 이처럼 브랜드 자산가치는 기업의 보호 장벽이 돼 경쟁적 우위를 제공하며, 브랜드 확장을 통한 사업 다각화의 초석이 된다. 한 번 굳건하게 형성된 브랜드 파워는 쉽게 무너지지 않는다. 유의할 점이 있다면 기존 브랜드와 유사한 업종이나 상품으로 다각화를 진행할 때만 시너지가 극대화된다는 점이다. 반대로 연관성이 떨어지는 사업으로 무리하게 브랜드를 확장할 경우에는 모 브랜드까지 치명적인 손상을 받을 수 있다.

세계적인 브랜드 전문가인 아커Aaker는 브랜드 자산가치로 브랜드 로열티, 브랜드 인지도, 소비자가 인식하는 제품의 품질, 브랜드 연상 이미지, 특허나 등록상표를 꼽는다. 브랜드 로열티Brand Loyalty는 상품을 지속적으로 구매하려는 고객의 충성도로서 브랜드 자산가치에서 단연 으뜸이다. 브랜드 인지도Brand Awareness가 없으면 브랜드 로열티도 없다. 브랜드 인지도는 하루아침에 끌어올릴 수 없고, 최초 인지도와 비보조 인지도, 보조 인지율로 측정된다.

고객은 제품이 아닌
브랜드를 산다

제품은 기업에서 만든 유형의 상품을 말하고, 브랜드는 소비자들이 최종적으로 선택하는 수단이다. 제품이 특정한 모양이나 형상을 하고 있는 실체라면 브랜드는 이를 지칭하는 총체적 개념으로 브랜드가 기업에서 가장 큰 무형의 자산가치를 가지고 있다면 제품은 특허나 기술 이외에는 별다른 가치가 없다.

기술의 보편화로 누구나 제품을 제조할 수 있기 때문이다. 제품과 브랜드는 이처럼 관리 포인트에서 상당한 차이가 있다. 제품이 주로 기업의 내부에서 품질이나 제조원가를 집중적으로 관리 받는 데 비해 브랜드는 IMC 관점에서 고객들과의 인지도나 이미지 형성과 긴밀한 관련이 있다. 상황이 이렇지만 마케팅에 대한 지식이 부족한 사

브랜드와 제품의 주요 차이점

구분	브랜드(Brand)	제품(Product)
개념적 정의	소비자의 최종 선택 수단	기업에서 만든 상품
제조되는 곳	소비자 마음속	공장
자산가치	기업의 무형 자산가치 1호 (동일한 브랜드를 만들 수 없음)	특허나 기술 외에 가치 없음 (누구나 만들 수 있음)
주요 관리점	브랜드 로열티	품질/제조원가
마케팅 범위	IMC 총체적 접근	마케팅믹스 중 1P
변경 가능성	한 번 확정하면 거의 불가	리뉴얼/형태/원료 수시로 변경가능

람들은 브랜드보다 제품지향적인 경영을 강조하고 있다.

브랜드 자산은 결코 하루아침에 만들어지지 않는다. 기업에서는 브랜드파워 강화를 목적으로 다양한 마케팅 활동을 펼치고 있다. 브랜드가 일반인들에게 제공하는 혜택은 제품의 품질에 대한 보증이다. 브랜드 파워가 막강한 상품일수록 그렇다. 리스크를 회피하고 상품을 믿고 구매할 수 있도록 보증해주는 힘이 있다. 브랜드는 더이상 소극적 개념이 아니다. 고객과의 약속을 구체화하고 계속 유지하는 적극적인 개념으로 진화하고 있다. 좋은 제품과 서비스를 만들고 제공하겠다는 기업의 메시지를 소비자에게 확실하게 인식시킨다.

전략적인 브랜드 관리를 원한다면 자사 브랜드에 대해 수시로 살펴볼 필요가 있다. 경쟁 브랜드의 동향과 자사 브랜드가 어떤 이미지로 인식되고 있는가를 지속적으로 체크해야 한다. 마케터로 하여금 경쟁 제품의 동향을 수시로 파악할 수 있도록 프로세스를 정비해야 한다. 이를 통해 자사의 제품, 서비스, 조직에 있어서 강화시켜야할 부분과 보완할 부분 그리고 새롭게 추가할 부분을 파악하기 위해서다.

스마트한 마케터라면 일반적인 마케팅에서 진일보된 '브랜드 마케팅'의 중요성을 간파해야만 한다. 브랜드 마케팅이 중요한 이유로 첫째는 시장의 성숙화 때문이다. 최근의 마케팅 환경은 원료의 동질화로 품질이 대동소이해지고 있다. 생산방식 표준화에 따라 제품 간의 품질은 일반화되고 있고, 시장에서의 경쟁은 더욱 치열해지고 있다. 똑똑해진 소비자들은 더 이상 기업들의 일방적인 주장에 현혹되지 않는다. 이런 상황에서 브랜드 마케팅은 더욱 빛을 발할 수밖에 없다. 불황의 시대에 브랜드 마케팅은 더욱 중요한 수단으로 부각된 것이다.

둘째는 이익중시, 주주를 중시하는 기업문화의 정착이다. 기업들은 브랜드 자산 가치를 평가하여 장부가치에 반영하고 있다. 기업의 무형자산에서 가장 큰 가치를 보유하고 있는 브랜드 로열티에 대한 관심이 증폭된 것이다. 1등 브랜드를 보유한 기업의 가치가 높게 평가될 수밖에 없다. 브랜드 로열티는 매출액과 직결되기 때문이다.

셋째는 글로벌 경쟁의 가속화이다. 국경의 벽이 허물어진지 오래다. 글로벌 경쟁이 화두로 떠오르면서 국내 시장의 브랜드로는 더 이상 생존하기 어렵다는 공감대가 형성되고 있다. 미국이나 유럽에서 브랜드 파워를 보유한 상품이 국내 시장에서도 그대로 통용된다. 반대로 국내에서 막강한 브랜드 파워를 보유한 상품도 세계 시장에서 먹힐 가능성이 있다. 글로벌 시장에서 경쟁의 헤게모니는 상품이 아닌 브랜드력으로 판가름 나기 마련이다.

넷째는 모바일 환경에 의한 패러다임 전환이다. 모바일이 생활 깊숙이 파고들면서 모든 삶의 패턴을 바꾸고 있는 상황이다. 이러한 모바일환경에서 브랜드 마케팅은 더욱 중요한 수단이 될 것이다. 스마트해진 소비자들의 구매 패턴이 온라인 상에서의 구매여정에 따라 결정되고 있다. 모바일 환경이 크게 요동치고 있다. 고객들은 물건을 오프라인에서 보고, 구매는 온라인에서 하기 때문에 모바일로 커뮤니케이션 활동을 강화해야 한다.

다섯째는 IMC 통합마케팅이 더욱 부각되었기 때문이다. 아직까지도 마케팅 부서가 업무중심으로 분권화돼 있는 경우가 있다. 이런 조직에서 상품개발 팀은 상품개발에만 집중하고, 판촉 팀은 판매활성화를 위한 판촉만, 광고관리 팀은 광고를 잘 만드는 데만 주력하다보니 브랜드가 산으로 간다. 이런 조직에서 IMC는 실행이 어렵다. 지금은 브랜드 마케팅이 대세다. 브랜드 기획부터 출시, 프로모션까지를 총체적으로 살펴봐야 한다.

영업력이 아닌
브랜드력으로 팔아라

기업에서 영업부서의 핵심역할은 자신에게 주어진 채널이나 지역에 할당된 매출목표를 달성하는 일이다. 이것은 곧, 전사 매출을 의미하는데 영업 팀에 할당된 매출액이 모여 기업 전체의 매출액과 손익을 구성하기 때문이다. 이에 비해 마케팅은 브랜드에 대한 전사적인 매출목표를 책임지고 있다. 대부분 기업에서 매출액과 관련해 보편적으로 활용하고 있는 영업활동 지표는 매출액을 단순히 사업부별로 합산하는 방식이다. 목표의 달성율로 평가되고 있지만 여기에 손익 개념을 적극적으로 도입해야만 한다.

팀 단위를 초월해 영업사원 개인으로까지 확대 시행해야 한다. 최고경영자가 영업부서에도 손익개념을 도입하면 매출과 손익을 동시에 관리할 수 있다. 지금까지 관행적으로 진행해오던 과도한 가격 할인에 의한 매출액 달성 같은 방식을 손익 중심 마인드로 일시에 쇄신하자는 취지다. 이것이야말로 브랜드 로열티를 훼손하지 않을 수 있는 최고의 방법이다. 손익이 반영되지 않고 채널별로 매출액만을 관리할 때와 손익과 매출액을 동시에 관리할 때의 영업성과는 크게 달라질 수 있다. 목표 대비 실적이 가장 우수한 성과를 발휘하던 팀이 꼴찌로 전락할 수도 있다. 손익과 매출액은 서로 상충 관계에 있고, 손익을 관리해야만 브랜드 로열티의 훼손을 사전에 예방할 수 있다.

마케터가 우수한 성과를 달성하기 위해서는 브랜드의 경상이익 달성률이나 판매가격, 설적 구성비가 모두 우수해야 한다. 손익을 유지하기 위해서는 매출액 달성을 위해 가격 할인이나 경품 이벤트, 유통업체의 다양한 요구 등으로부터 매출액 대비 과도한 영업비를 지출해서는 곤란하다. 영업사원이 유통업체의 요구를 대부분 수용하면서 영업활동을 전개하면 손익은 당연히 악화되고, 브랜드 로열티는 치명상을 입게 될 것이다.

매출액과 이익이라는 두 마리 토끼를 잡을 수 있는 방향으로 마케팅 정책을 유지할 때 브랜드 로열티를 보호할 수 있다. 매출은 영업력이 아닌 브랜드력으로 팔아야만 한다는 사실을 절대로 망각하지 말라.

　브랜드 마케팅에서 유통관리가 특별히 어려운 이유는 대부분 마케팅 요소가 마케터의 통제로 운영할 수 있는 데 반해 유통은 마케터에 의한 통제가 불가능하기 때문이다. 오히려 대형 유통업자들은 막강한 구매력을 무기로 제조업체 마케터들을 압박하고 있다.
　마케터의 통제가 불가능한 대표적인 유형으로는 경쟁사의 유통 전략과 바이어의 요구, 정부의 유통시책 변화, 고객수요의 변화 등이다. 유통 전략의 핵심은 소비자들이 자사 상품을 구매하는 데 불필요한 장소적 어려움을 제거하는 것과 경쟁사와 비교해 매장 안에서 진열율이나 침투율을 늘림으로써 매출확대를 꾀하는 일이다.

　대부분 기업에서 마케팅과 영업부서 사이에는 끊임없는 긴장관계가 조성되고 있다. 매출이 잘 나갈 때야 갈등이 최소화되지만 매출이 어려운 상황에 직면할 경우 표면상으로 첨예하게 대립하는 경향이 있다. '물과 기름', '만날 수 없는 철로'로 묘사되는 두 부서 간 이러한 갈등이 유발되는 가장 큰 이유는 매출이라는 공동의 목표를 놓고서 부서 간 책임소재를 서로에게 전가하려는 데서 발생한다.
　마케팅이 브랜드 출시부터 소비자가 상품을 구매하는 상품 흐름의 전체과정을 관리하는 역할을 수행한다면, 영업부서의 역할은 상품이 판매되는 거래처 관리 및 매장에서 제품이 팔릴 수 있도록 시장 침투율을 개선시키는 일이다. 마케팅이 좀 더 전사적인 측면에서 브랜드에 대한 광범위한 전략을 수립하고 집행하는 부서라면, 영업은 채널이라는 고객 접점에서 구체적인 전술을 실행하는 부서로 요약된다.

영업과 마케팅 간 의견이 상충될 때 CEO의 결단력이 중요하다. 스마트한 경영자라면 고객의 관점에서 마케팅 지향적인 의사결정을 내려야만 한다. 부서 간 선의의 경쟁을 유발함으로써 조직을 활력 있게 만드는 혜안도 필요하겠지만 최고경영자가 매출지향적인 경영을 추구한다면 이러한 기업에서 마케팅은 영업을 지원하는 부서로 전락돼 제품의 브랜드 로열티가 희석될 수밖에 없다. 결국 이러한 기업은 월마다 매출을 마감하는데도 힘에 겨워 잘못하다가는 한 순간에 걷잡을 수 없는 상황으로 치달을 수 있다.

브랜드 매뉴얼을 세워야 하는
5가지 이유

대한민국의 국보1호 남대문이 화재로 전소된 적이 있다. 당시 국민들은 타들어가는 화재현장이 생중계되는 것을 지켜볼 수밖에 없었다. 재빠르게 진압하지 못한 이유도 황당했다. 화재 발생 시에 대처해야 할 '매뉴얼'이 없었기 때문이란다. 마케팅에서 브랜드 관리도 마찬가지다. 치열한 경쟁 환경에서 어떠한 돌발적인 상황이 터질지 모른다.

브랜드에 대한 체계적이고 일관된 마케팅을 수행하려면 브랜드의 출시부터 현재까지가 기록된 역사서가 필요하다. 브랜드에 대한 모든 마케팅 활동을 총체적으로 기술한 역사서가 브랜드 매뉴얼Brand Manual이다. 사람에게는 일가족의 족보에 해당하는 기록서로서 브랜드에 대한 모든 마케팅 활동과 전략, 경쟁사의 동향 및 소비자 조사 자료 등을 총망라한 지침서로 브랜드 로열티를 체계적으로 관리할 수 있도록 문서화된 마케팅 자산이다. 특정 브랜드 전략이 궁금할 때 '브랜드 매뉴얼'만 보면 금방 알 수 있도록 상시화해야 한다.

국내 대부분의 기업들은 브랜드에 대해 분산된 자료는 다량으로 가지고는 있지만 브랜드 매뉴얼로 일목요연하게 관리하는 기업은 지극히 드물다. 이에 비해 선진 기업들은 브랜드 매뉴얼로 브랜드를 체계적으로 관리하고 있다. 과거를 통해 현재와 미래를 설계할 수 있는 것처럼 브랜드 역사를 통해 미래 브랜드 전략을 일관성 있게 설계하기 위해서다.

기업에게 브랜드 매뉴얼이 필요한 첫째 이유는 무엇보다 모든 마케팅 의사결정의 지침서로 활용하기 위해서다. 브랜드는 기업이 가진 무형의 자산가치 1호로 자산가치에 대한 체계적인 관리가 필수다. 브랜드 매뉴얼은 과학적인 의사결정을 진행할 때 판단기준을 제공할 수 있는 기준이 된다. 이것은 일관된 브랜드 정책을 운영하는데 있어 매우 중요한 사항으로 브랜드 매뉴얼은 런칭부터 현재까지 객관적이고, 체계적인 정보가 수록돼야 한다.

둘째는 브랜드 매니저의 이동 및 퇴사를 대비해 업무공백을 최소화시킬 수 있다. 마케팅 부서는 업무 특성상 다른 직종에 비해 이직과 이동이 심한 직종이다. 해당 브랜드에 대해 가장 많이, 자세히 알고 있는 사람은 팀장이나 마케팅 임원이 아닌 브랜드 담당자들이다. 사내의 직무순환이나 퇴사에 대비한 브랜드 매뉴얼 작성은 필수다. 이를 준비하지 않을 경우 담당자 머릿속에 내장된 브랜드 역사를 한꺼번에 잃어버릴 수 있다.

셋째는 전사 공유로 IMC 통합마케팅의 실행이 가능하기 때문이다. 기업의 힘은 조직 시너지로 창출된다. 신제품 개발 유관부서를 비롯하여 모든 구성원들이 지식경영을 수행할 수 있는 기반을 제공한다. 특히 조직이 브랜드 중심이 아닌 마케팅 과업중심으로 구축된 (판촉팀, 광고팀 등) 기업에서 더욱 필요하다. 브랜드 매뉴얼은 분산된 업무를 한곳으로 통합해 운영할 수 있는 토대가 된다.

넷째는 체계적이고 숫자에 기인한 DB 마케팅을 구현할 수 있다. 경우에 따라 마케팅 의사결정은 숙련된 마케터에 의해 경험과 직관에 의해 이루어질 때도 있지만 객관적인 지표를 통해 추진되는 것이 좋다. 광고효과나 소비자 조사, 브랜드 지수 등의 다양한 숫자에 대한 지속적인 업데이트 관리가 필요하다.

다섯째는 과거의 정보를 통해 브랜드 일관성을 기할 수 있다. 브랜드 전략에서 중요한 요인 중의 하나가 일관성을 지속적으로 유지하는 것이다. 브랜드는 시장변화 및 경쟁사 전략에 따라 소비자 마음속에서 지속적으로 움직인다. 근시안적인 사고로 시장 환경 변화에 일일이 대처하다 보면 브랜드 전략의 일관성을 놓치기 마련이다. 이를 예방할 수 있는 수단이 브랜드 매뉴얼이다.

브랜드 매뉴얼은 마케팅 전반에 걸쳐 매우 유용한 지침서임이 분명하지만 아이러니컬하게도 브랜드는 고정적이지 않고 시장 환경 및 소비자들의 욕구 변화, 시간, 경쟁사의 동향에 따라 매우 유동적이기 때문에 지속적인 추척관리가 필요하다. 브랜드 매뉴얼을 관리할 때 가장 중요한 원칙은 정기적인 업데이트다. 마케터는 주관을 버리고 객관적으로 문서화하라. 브랜드 매뉴얼에 주관이 개입되면 후임자가 마케팅 의사결정의 오류를 초래할 수 있다.

커뮤니케이션 전략이 8할이다

　브랜드 매니저로 직장 생활을 시작할 즈음에 브랜드를 홍보할 목적으로 런칭 이벤트를 추진한 적이 있다. 소비자들이 제품을 구매한 다음에 제품에 부착된 캐릭터 사진을 오려서 엽서에 부착하고 캐릭터 이름을 적어서 송부해주면 추첨을 통해 경품을 제공하는 이벤트로 냉장고와 세탁기를 비롯해 상당의 경품도 준비했다. 행사 전단지로 10만 장을 만들어 전국 영업지점에 배포했고, 포스터와 POP도 제작해 대형매장을 중심으로 부착해나갔다.

　커뮤니케이션을 목적으로 잡지 광고에 약 1천만 원의 비용을 할당해 놓았지만 우선순위에서 밀려 계획이 철회되고 말았다. 문제는 이벤트가 마감되었을 때 전체 응모자가 수백 명에 불과해 오히려 준비한 경품이 남아도는 상황에 빠지고 말았다. 도대체 무엇이 문제였을까? 그때는 최선을 다했다는 일념으로 실패를 인정하고 싶지 않았다. 프로모션보다도 챙겨할 다른 업무가 많아서 솔직히 경품행사가 끝나는 날도 알지 못했을 정도다. 그때는 초보 마케터여서 문제의 핵심을 잡지 못했다. 이전에 진행한 비슷한 행사에서 수천 명이 응모했기 때문이다.

하지만 돌이켜보면 실패 원인은 아주 단순했다. 책상머리에서 탁상공론에 빠졌기 때문이다. 소비자 입장을 무시한 채 경험이 없는 신입사원의 머리에서 스스로 자위하는 이벤트에 불과했다. 제품을 구입한 다음에 캐릭터를 엽서에 부착하는 방식도 문제고, 거기에다 캐릭터의 이름까지 지어서 보내라는 행사로 '수신자 요금부담' 이라는 엽서응모 방식도 문제였다. 프로모션에 응모하기 위해서는 고객이 엽서를 직접 사서 보내야하는 번거로움을 무시한 것이다. 거기에는 이유가 있다. 엽서 제작을 고려했지만 150원에 해당하는 엽서를 20만 명이 보낼 경우에 5천만 원이라는 추가비용 때문이었다.

하지만 무엇보다 이벤트를 고객들에게 알리는 커뮤니케이션의 중요성을 크게 간과했다. 그때는 커뮤니케이션이 이벤트(콘텐츠) 보다도 훨씬 중요하다는 사실을 전혀 몰랐던 왕초보 마케터였던 것이다. 10만 장의 전단지를 영업지점에 배포했지만 대부분이 창고에 방치되었을 것이고, 매장에 부착한 1,000장 내외의 포스터가 유일한 커뮤니케이션 수단이었다. 결국 경품 행사에 응모한 고객들에게 경품을 주고도 경품이 남아도는 사태가 발생했다. 근본적으로 고객들과의 소통에서 실패했다. 뿌린만큼 거둔다는 마케팅 커뮤니케이션의 절대진리를 몸소 체험할 수 있었던 소중한 경험이었다.

눈에 띄는
보랏빛 소가 되는 법

—————————— 성공적인 커뮤니케이션 전략의 수행은 마케팅 전략에서 일점을 찍는 화룡정점畵龍點睛이다. 가장 일반적인 커뮤니케이션 수단으로는 TV 광고를 포함한 신문, 라디오나 스마트폰을 겨냥한 디지털 광고가 있다. 혁신적인 상품들의 공통점은 독특한 커뮤니케이션 전략도 뒷받침되었다는 것이다.

커뮤니케이션 전략에서도 눈에 띄는 보랏빛 소가 돼야만 시장을 지배할 수 있다. '911'캠페인 전략처럼 나만의 개성을 살리는 독특별한 방법으로 이슈화시켜 나가야 한다. 여기서는 기발한 아이디어와 이를 뒷받침할 수 있는 마케팅 재원이 중요하다. 누군가 이미 진행했던 방법이나 누구나 생각할 수 있는 아이디어로는 고객들을 설득시킬 수 없다.

커뮤니케이션은 프로모션 전략의 일환으로 광고홍보를 통한 정교한 판매스킬이다. 즉, 마케팅 목표인 매출액과 브랜드 로열티를 강화할 목적으로 고객과 소통하는 마케팅 활동이다. 이러한 관점에서 마케팅에서 진행하는 모든 판촉 활동은 매출액과 브랜드 인지도를 직접적으로 연계할 수 있어야 한다.

기획이 책상에서 수립된 탁상공론적인 성격이 강하다면 커뮤니케이션은 비용이 수반되는 실행업무라는 점에서 생동감 있는 마케팅 활동이다. 여기서는 뜬 구름 잡는 말은 배제하고 실행 가능한 마케팅 아이디어가 중심이 된다.

마케팅은 콘텐츠가 20퍼센트라면 커뮤니케이션이 80퍼센트이다. 이것은 제조업과 유통업, 서비스업에서 지금까지 마케팅을 추진해오면서 터득한 지론이다. 마케팅에서 가장 중요한 분야를 꼽으라면 주저 없이 커뮤니케이션을 선택할 것이다. 시장이 성숙하고 경쟁이 치열할수록 마케팅 성패는 단연 고객과의 커뮤니케이션 전략에서 판가름 난다.

아무리 잘 만든 상품도 타깃에게 제대로 전달하지 않으면 성공하기 어렵고, 아무리 기발한 프로젝트도 고객과 소통되지 못하면 성공하기 어렵다. 프로모션이나 이벤트도 성공하려면 고객들에게 제대로 알려야만 한다. 톡톡 튀면서 나만의 차별화된 커뮤니케이션 전략이 마케팅의 승부처인 것이다.

눈에 띄는 보랏빛 소가 돼야만 시장에서 통한다. 개성을 살리는 특별한 방법으로 이슈화시켜야 한다. 여기서는 특히, 기발한 아이디어가 요구되는 분야로 이를 통해 자신이 원하는 이미지나 가치, 브랜드 파워가 구축된다는 점에서 어떠한 마케팅 과업보다 중요하다. 커뮤니케이션은 정교한 매체를 활용해 타깃에게 촉진하는 활동으로 막대한 마케팅 비용이 수반된다. 비용 투입이 큰 만큼 정교한 관리가 필수적이다. 커뮤니케이션 전략의 중심에는 브랜드가 위치하고, BI나 콘셉트를 제대로 전달하기 위한 차별화된 아이디어가 포진한다. 스마트한 CEO라면 커뮤니케이션의 개념을 정확히 꿰뚫고 있어야 한다.

커뮤니케이션에도 스토리가 있어야 한다. 스토리텔링이란 상대방에게 알리고 싶은 정보를 생생한 이야기로 설득력 있게 전달하는 것을 말한다. 우리들은 수많은 이야기와 더불어 살아가고 있다. 어린 시절에는 전래동화나 이솝이야기 같은 서양 동화를 들으며 자랐고 성인이 된 뒤에는 이런저런 이야기로 웃음 꽃을 피운다. 사람들은 이야기에 관심을 기울인다. 이야기꺼리가 있는 곳에는 항상 사람들이 북적거린다. 그것은 스토리가 애초부터 사람들의 흥미를 끌도록 만들어졌기 때문이다.

광고대행사를 리드하는
4가지 방법

광고는 비용이 가장 크게 수반되는 프로모션 활동으로 상품이나 서비스의 성패를 좌우할 수 있다. CEO들이 광고에 유달리 관심이 많은 이유도 여기에 있다. 시장에서 상품이 히트하기 위해서는 시장의 정확한 분석과 마케팅믹스에 이르기까지 모든 요소가 통합적으로 관리돼야 한다. 마케팅에서 광고는 브랜드의 정체성이 녹아 들어간 경정체로서 아무리 강조해도 지나치지 않는다.

비용이 직접적으로 수반되는 광고의 중요성에도 국내 광고의 현실은 어떠한가? 명확한 커뮤니케이션 콘셉트로 일관된 메시지를 전달함으로써 마케터가 원하는 목표를 달성하는 기업도 있지만 대부분의 광고주들은 애매모호한 콘셉트로 수억 원의 마케팅 비용을 공중에 흩뿌리고 있는 실정이다. 이에 반해 국내에 진출한 다수의 다국적 기업들의 광고는 매우 정교한 방식으로 키메시지를 제대로 전달하고 있다. 그들은 선진 마케팅 기법을 도입해 '문제→해결'이라는 콘셉트를 차별적으로 전달하면서 포지셔닝을 성공적으로 구축하고 있다.

우리나라 광고 산업의 양적인 성장은 달성했을지 몰라도 질적인 부분에서 매우 열악한 상황으로 국내 광고 제작의 문제점으로 첫째, '남들이 하니까 나도'라는 안일한 생각으로 커뮤니케이션 목적을 상실한 광고물이 범람하고 있다. 이러한 광고물 특징은 광고카피를 '화려하고 일반적인 메시지로 일관해 최고, 전통, 사랑, 좋다 등의 단어를 정면으로 내세우지만 광고가 집행된 이후에 고객들의 머릿속에 아무것도 새기지 못한다. 심지어 이러한 광고에 직접 모델로 등장하는 CEO들도 있다. 압축된 광고에 너무 많은 메시지를 전달하지 마라. 무엇을 말했는지 아무것도 소비자들의 머릿속에 새길 수 없기 때문이다.

둘째는 '한번 튀어보자'라는 크리에이티브에 집중해 '고객은 우리가 만든 크리에이티브를 이해할 거야'라는 제작자 관점에서 '광고 자체를 튀는 광고'로 제작해 사회적으로는 각종 패러디물이나 유행어를 만들어 내지만 결국 상품 매출과는 아무런 연계가 되지 않는 최악의 광고물이다. 광고 자체는 성공했을지 몰라도 마케팅 목표는 실패한 것이다.

셋째는 모델 전략은 광고에서 매우 중요한 비중을 차지함에도 불구하고 한 개인이 독단적으로 결정하거나 단기간에 모델이 바뀌어 일관성을 놓쳐 버린다. 실제로 특정 드라마의 주인공이 뜨면 그는 상품의 콘셉트와 무관하게 광고모델로 채택될 확률이 높다. 전통 사극에서 '청순하고 가련한 여주인공'이 나이 지긋한 대기업 CEO의 마음을 사로잡으면 그녀는 '이국적인 상품콘셉트'와는 무관하게 모델로 선정될 가능성이 높다. 이에 비해 다국적 기업들은 특별한 경우를 제외하고 빅모델을 잘 활용하지 않는다.

넷째는 잘 만들어진 광고는 대부분 다수의 마케터들이 참여하여 객관적인 평가를 통해서 만든 광고물이다. 규모가 큰 국내 대기업들은 자신이 직접 출자한 형태로 자회사로 광고대행사를 운영하고 있다. 이러한 시스템에서는 하나의 광고대행사에게 일감을 몰아주는 경향이 있다. 수십 년을 이와 같은 관행으로 광고물을 제작해 온 경우 대행사나 마케터나 타성에 젖을 수밖에 없고 매체 크리에이티브도 기대하기 어렵다.

　광고대행사를 경쟁 PT로 선발할 경우 다양한 차원에서 이점이 있다. 경쟁 PT로 대행사를 선정할 때 주의할 점은 최고의 의사결정자인 CEO도 1표를 행사해야만 한다. CEO 중심으로 광고 제작이 이루어질 경우 실패를 각오해야 할 수도 있다. 광고는 전문가인 대행사 AE, 마케터에게 맡겨라.

　다섯째는 1차 출시광고, 2차 광고, 3차 광고를 연속적으로 진행하다 보면 광고주들은 광고를 지겹다고 생각한다. 하지만 방영된 광고물을 지겨워하는 사람은 시청자들이 아니라 광고주, 그 중에서도 특히 CEO일 가능성이 높다. 외국의 기업들은 한번 제대로 콘셉트를 제작해 몇 년 동안 유지하는 경우가 많다. 촬영할 때마다 소요되는 모델비와 제작비는 또 어떠한가? 커뮤니케이션 콘셉트도 일관성이 없기는 마찬가지다. 광고자산에서 '광고의 일관성'을 잃지 않는 것은 대단히 중요하다. 분위기만 봐도 소비자가 '아! 저거 **광고구나'란 느낌을 줄 수 있다면 대단히 성공적인 광고물이다.

　광고주(CEO, 마케터)가 지식이 부족하면 광고에 고스란히 반영돼 제작된다. 만일 해당 상품의 매출이 기대 이상으로 발생하지 않을 경우 광고주들은 이를 광고대행사 탓으로 돌리는 경향이 있다. 현명한 마케터라면 광고효과 조사를 통해 문제원인을 다차원적으로 분석하며 합리적인 해결책을 찾는다. 이러한 광고주의 작은 차이는 큰 의미를 가지고 있다.

　해박하고 명석한 광고주 밑에서 상품 콘셉트와 직결된 크리에이티브가 도출돼 성공적인 광고물이 만들어지는 반면 지식이 부족한 광고주 아래서는 모자란 광고가 제작된다. 광고물은 광고대행사가 전적으로 만드는 것이 아니라 광고주가 함께 만들기 때문이다. 광고주가 광고대행사를 리드하기 위해서는 아래와 같은 광고 제작 이슈를 알아야 한다.

　첫째, 광고대행사는 항상 바쁘다. 자신의 회사하고만 거래하는 것이 아니다. 대행사가 충분한 시간을 갖고 '크리에이티브'를 유도할 수 있는 시간을 주어야 한다. 시간이 부족하게 제작된 광고물들은 대부분 정교함이 떨어지고, 집행 일정에도 쫓길 수밖에 없다.

　둘째, 해박한 지식이 필요하다. 광고에 대한 기본적인 이해와 지식이 대행사 AE만큼 해박해야 한다. 전문도서나 다른 광고물에 대한 간접 경험을 통해 부족한 지식을 보충할 수 있다. 현명한 마케터는 음식이 어디가, 왜 맛이 없는지에 대해 정확히 지적할 수 있지만 지식이 부족한 광고주들은 반찬투정만 할 줄 알지, 왜? 맛이 없는지, 다시 말해 광고가 어디가 부족한지를 정확히 지적하지 못하고 AE 감정만 자극한다. 아는 만큼만 볼 수 있기 때문이다.

　셋째, 광고에 너무 많은 요구를 하지 말아야 한다. 사공이 많으면

10 Advertising Principle for Great Ads

1. It concentrates on one big idea

하나의 Big Idea에 집중할 것.

2. It promises discriminates a brand from its competitors

브랜드의 대소비자 약속이 경쟁사와 차별화될 것(독창적).

3. It involves the target consumer

대소비자를 끌어 들일 것.
(호응과 만족을 유도할 것/문제 해결을 약속할 것)

4. It establishes/develops a relationship with the consumer

소비자와 좋은 관계를 수립할 것.
*소비자에게 친숙한 언어, 목소리 등…
*제품 선택 시 자신감을 갖도록 강력한 Feeling과 선호도를 구성시킬 것.

5. It is credible - it feels genuine

신뢰성이 있고 솔직하다는 느낌을 줄 것.
*소비자를 오도하지 말 것.
*유머나 과장을 하더라도 Brand Benefit은 항시 신뢰성이 느껴져야 함.

6. It is simple and clear

광고는 간단, 명료할 것.
*혼잡스러움을 피할 것.
*애매모호한 표현을 피할 것.

7. It integrates the brand name with the central idea

광고는 핵심 아이디어와 브랜드 명을 잘 연결시켜야 한다.

8. It takes full advantage of each medium

매체의 특성을 최대로 활용할 것.

9. The idea must be campaignable

광고 아이디어는 지속적으로 캠페인 가능해야 한다.

10. It must help build the brand personality

광고는 브랜드 이미지를 확립.
*일관성이 있을 것.
*개성을 강화시킬 것.

출처) 유니레버

배가 산으로 간다. 이것은 매우 중요한 사안으로 광고물에서 구성 요소가 많고 복잡할수록 고물은 망가진다. 반면 커뮤니케이션 메시지가 명쾌하고 심플할수록 좋고 하나의 빅 아이디어로 승부하는 것이 좋다.

넷째, 광고대행사와 파트너십을 통해 오픈된 커뮤니케이션을 진행해야 좋은 광고를 만들 수 있다. 쪼거나 압박할수록 좋은 광고가 나온다는 방식으로는 대행사를 리드할 수 없다. CEO는 이러한 긍정적 사고로 마케터나 AE가 본연의 임무에 충실할 수 있도록 기반을 조성해 주어야한다.

광고 모델을 선정하는
4가지 원칙

광고물을 집행했을 때 CEO의 주관심사는 상품에 대한 매출액이다. 광고물을 제작한 광고대행사의 주관심사는 광고물이 얼마나 광고시장에서 '뜨느냐'의 여부다. 광고가 뜰 경우 대행사의 지명도와 가치가 함께 올라가기 때문이다.

광고상품이 업계에서 '히트 상품'으로 등극할 경우 효과는 배가 된다. 광고물이 실패할 경우 광고대행사 관계자들은 직접적인 책임을 면할 수 있지만 회사는 치명적이다. 설상가상으로 광고물은 대히트하면서 각종 패러디물이나 유행어를 만들지만 해당 상품의 매출이 발생하지 않는 광고는 최악 중 최악이다.

　성공적인 광고를 제작하기 위해서는 가장 먼저 IMC 전략에 따라 커뮤니케이션 콘셉트를 정교하게 수립해야만 한다. 커뮤니케이션 콘셉트는 광고물 성격을 종합적으로 나타내는 가장 중요한 요소로 가족의 혈통에 비유할 수 있다. 혈통에 따라 가족들의 성격과 인성, 캐릭터가 결정되는 것과 마찬가지로 광고물에서도 커뮤니케이션 콘셉트에 따라 광고물의 성격이 결정된다. 커뮤니케이션 콘셉트는 모든 광고물에서 통일성을 유지하면서 1차, 2차, 3차 시리즈물에서도 일관성을 유지해야만 한다.

　커뮤니케이션 콘셉트는 애드브리프AD Brief에서 마케터가 처음으로 설정한 후 크리에이티브 브리프를 통해 구체화된다. 애드브리프는 첫사랑을 시작할 때 사모하는 여인에게 처음으로 보내는 '첫 연애편지'에 비유할 수도 있다. 연애편지에 진솔함이 배어 있지 않다면 첫사랑이 이루어질 수 없는 것과 마찬가지로 애매모호하게 작성된 브리프로는 커뮤니케이션 콘셉트를 구체화시킬 수 없다. 애드브리프를 컨펌 하는 CEO는 너무 많이 참견하지 않는 게 좋다.

　이를 접수한 대행사는 브랜드에 대한 정보를 마케터보다 더 많이 알아야 하고, 크리에이티브 브리프Creative Brief를 작성할 때도 팔릴 수 있는 광고기획에 초점을 맞춰야 한다. 브랜드 콘셉트와 커뮤니케이션 콘셉트는 일치할수록 좋고 심플하면서도 단순해야 한다. 특히 캠페인어블한 메시지를 활용해 지속적인 누적 효과를 창출할 수 있도록 설계하는 것이 좋다. 광고의 모든 요소는 커뮤니케이션 콘셉트를 돋보이게 만드는 수단일 뿐이다.

광고에서 모델이 차지하는 비중은 절대적이다. 모델의 말 한마디, 표정하나, 움직임 하나가 광고에 미치는 영향은 상당하다. 하지만 광고에서 모델의 역할은 단순화시켜야 한다. 모델은 커뮤니케이션 콘셉트(광고 메시지)를 단지 정확하게 소비자에게 전달하는 역할로 국한시켜야 한다. 광고에서 모델의 본원적 역할은 그 이상도 그 이하도 아니다.

그런데 현실은 그렇지 못하다. 모델을 메신저로 활용하기보다 모델 자체가 주인공이 된다. 상품을 위한 광고인지, 모델을 위한 광고인지 알 수 없는 광고가 태반이다. 즉, 모델에, 모델을 위한, 모델에 의한 광고물들이 넘쳐나고 있다. 이유는 간단하다. 고가격 빅모델을 쓸 경우에 광고주들은 빅모델을 광고에 많이 노출시켜 본전을 뽑으려는 경향이 있다.

커뮤니케이션 콘셉트와 빅모델이 환상적인 조화를 이룬다면 문제가 될 게 없지만 그렇지 않을 경우 광고물이 끝난 뒤에 소비자들의 머릿속에는 제품보다 모델이 더 기억에 남는다. 다국적 기업들이 빅모델을 쓰지 않는 이유가 돈이 없어서일까? 곰곰이 생각해볼 대목이다.

우리나라 광고주들의 모델 선택 기준은 주로 모델의 가격이다. 모델이 브랜드 이미지와 얼마나 콘셉트가 일치하냐는 다음 문제다. 회사의 빅브랜드는 거의 90퍼센트가 빅모델 전략을 채택하는 경향이 있다. 빅모델이 가진 장점을 부정하는 것은 아니다. 빅모델은 광고 주목도에서 긍정적 영향을 미칠 수 있지만 여기서의 강조점은 '콘셉트와 일치성'이 최우선이라는 점이다.

타사가 이미 활용했던 빅모델의 활용은 신중에 또 신중을 기하라. 여기저기에서 모델로 활동하고 있는 A급 스포츠 선수나 탤런트를 말한다. 소비자들은 우리가 생각하는 것보다 훨씬 단순하게 광고 메시지를 수용한다. 다른 브랜드에서 이미 활용된 빅모델은 소비자를 헷갈리게 만든다. 브랜드도 제품도, 자사도 타사도 모두 희생자가 될 수 있다.

모델 선정은 여러 명의 인기인들 중에서 어느 누구를 선택하는 차원의 것이 아니다. 모델은 광고에서 커뮤니케이션 메시지를 전달하는 메신저일 뿐이다. 모델을 선정할 때는 몇 가지 원칙이 있다.

첫째, IMC 전략에 입각해 브랜드 콘셉트와 모델 콘셉트가 일치하는지가 최우선이다. 모델비는 그다음이다. 둘째, 마케터와 AE가 충분한 토의로 의견일치를 보아야 한다. 상품의 기획 초기단계부터 함께 고민하라. 셋째, 이미 떠서 다른 회사의 모델로 활동하고 있는 A급은 특별한 경우를 제외하고 피하는 것이 좋다. 넷째, 루머가 많고 구설수에 오르내리는 모델은 금물이다. 굳이 활용하길 바란다면 모델 계약서에 '손해배상책임' 부분을 반드시 명시해야 한다.

모바일 세대의 등장,
어떻게 팔 것인가

경쟁력 있는 광고 제작 중요하지만 제작된 광고를 어떤 매체에, 어떻게 운용을 하냐 또한 대단히 중요한 문제다. 브랜드가 추구하는 타깃에게 효율적으로 광고를 전달하기 위해서다. 전통 매체로 TV 광고와 신문, 라디오, 잡지, 옥외광고 등을 꼽는다. 이들은 국내 광고시장을 지금까지 이끌어왔다.

하지만 매체시장에 일대 혁명이라 불릴 수 있는 변혁이 시작되었다. 온라인을 중심으로 한 디지털 매체의 활성화가 그 중심에 있다. 과거에는 모든 의사결정이 TV 매체를 중심으로 운용되었다. TV매체 광고에 대한 의사결정이 선행된 이후에야 라디오나 신문, 잡지가 결정된 것이다. 하지만 시대가 완전히 달라졌다. 소비자들의 광고 시청 행태가 스마트폰을 중심으로 재편된 것이다. 설상가상으로 광고 단가는 꾸준히 상승하는데 비해 광고효율성은 계속적으로 떨어지고 있다.

디지털 유목민이라는 용어가 더 이상 우리들에게 낯설지 않다. 디지털 기기로 모든 경제 활동과 커뮤니티 활동을 하는 사람들을 지칭하는 말로 모든 공간에서 디지털과 함께 호흡하는 현 시대의 인간상을 지칭하는 신조어이다. 스마트폰과 인터넷, TV, 라디오, 신문을 대상으로 '1주일에 5일 이상 매체를 이용한 빈도'를 조사한 자료에 따르면 스마트폰이 82퍼센트로 1위를 차지했다. 인터넷이 77퍼센트로 그 뒤를 이었고, TV활용도는 전체의 27퍼센트로 3위를 차지했다.

전통적인 4대 매체의 이용률이 현격하게 감소하고 있고, 모바일 이용률이 1위를 달리면서 PC까지 추월했다는 점에 특히 주목해야 한다. 정보통신 기술의 발전과 더불어 언제 어디서든지 일상 생활의 모든 공간에서 모바일 접속이 가능함에 따라 이용 빈도가 대폭적으로 증가한 반면에 4대 매체 이용률은 크게 감소했다. 2023년도에는 모바일이 90퍼센트 이상으로 성장하고 TV 광고는 20퍼센트 미만으로 하락할 것이다. TV 광고 시대의 종말을 암시하는 지표로 디지털 매체에 올인하는 전략까지도 생각해볼 필요가 있다.

모바일 온리Only 세대의 출현도 특이할 점이다. 대부분 경제활동 및 다양한 서비스를 모바일로 처리하는 세대를 지칭하는 용어로 스마트폰 뱅킹의 경우 오프라인 지점수는 지속적으로 감소세를 보이는 반면에 20~30대 이용률은 80~90퍼센트를 보이고 있다. 주요 은행들이 디지털혁신을 강조하면서 점포를 통폐합하는 것도 이러한 현상에서 기인한다.

대한상공회의소에 따르면 온라인 쇼핑에서는 이미 100조 원 시장을 돌파하면서 오프라인을 위협하고 있다. 이러한 원인에도 스마트폰이 있다. 마케터라면 광고와 함께 채널의 변화를 연계한 마케팅 전략을 구사해야만 한다. 경제 활동이 오프라인에서 온라인으로 전환되었고 기업들도 이에 대응한 광고 및 매체 전략을 구사해야만 한다.

디지털 변화에서 주목할 점은 고객들의 라이프스타일이 소유에서 공유로 변했다는 사실이다. 1인 가구수 증가 및 소비패턴의 다양화 등으로 공유경제는 더욱 가속화될 전망이다. 대표적인 사례로 숙박공유 플랫폼인 '에어비엔비', 승차공유 플랫폼인 '우버'를 비롯하여 사무실 공유 플랫폼인 '위워크'와 자동차 공유 플랫폼인 '쏘카' 등을 예로 들 수 있다. 이들은 물품 및 서비스를 소유의 개념이 아니라 서로 대여해주고 차용해 쓰는 개념으로 확대하고 있다. 이를 입증하듯이 과거의 렌탈 시장이 B2B를 중심으로 움직였다면, 디지털 시대는 B2C 렌탈 시장이 B2B수요를 초월할 것으로 전망하고 있다. B2C 렌탈 시장이 성장하게 된 배경에는 합리적 소비를 추구하는 소비자들의 증가와 1인 가구 수의 증가, 가성비를 추구하는 소비자들이 디지털 시대의 수요와 맞물리면서부터다.

급변하는 디지털 환경에 부합하기 위해서는 사업구조를 혁신할 필요가 있다. 마케팅 관점에서 디지털 트랜스포메이션Transformation으로 시급히 전환해야 한다. 대표적인 사례가 아디다스다. 그들은 TV광고를 중단하는 극단적인 선택을 했다. 이들은 브랜드 가치가 나이키에 이어 2위에서 4위까지 내려가고, 뉴밸런스와 같은 브랜드 도전에 직면하는 상황에서 매출의 하락과 이익률 감소를 겪었다.

이에 대응코자 CEO인 카퍼 로스테드Kasper Rorsted는 TV 광고를 중단하고 그 비용을 디지털에 집중한 것이다. 이들은 변혁의 주체로 디지털 매체를 선택했고 제품의 디자인이나 개발, 생산, 판매 등의 가치창조 중심에도 디지털을 위치시켰다. 이를 위해 오프라인 활동을 대폭적으로 줄이고, 디지털 광고비를 크게 늘리면서 모바일 위주의 마케팅 활동에 집중한 것이다. 이를 통해 아디다스는 온라인 매출이 57퍼센트 증가하면서 순이익도 전년과 비교해 30퍼센트 증가했다.

로레알도 디지털 시대로 발 빠른 전환을 꾀했다. 이들은 디지털전문회사 출신의 루보미라 로쉐를 영입해 화장한 얼굴을 확인할 수 있는 메이크업 앱을 출시하면서 600개의 웹사이트를 전면적으로 리뉴얼을 시도했다. 디지털 전환을 가속화하고, 디지털을 비즈니스 모델의 핵심으로 통합해 글로벌 뷰티 시장에서의 경쟁력을 강화한 것이다. 더 이상 B2B 제조업자가 아닌 콘텐츠 크리에이터임을 선포했다. 이들은 이커머스 시장에서 일대 변혁을 꾀했고, 이를 통해 디지털 부문에서 38퍼센트 매출이 성장했다. 무엇보다 매일 10억 명 이상의 온라인 방문자라는 빅데이터를 분석해 맞춤형쇼핑을 제공하고 있다. 이들의 성공 배경에는 온라인과 오프라인의 연계를 통한 크로스셀링인 주효했던 것이다.

오피니언 리더를
공략하라

유한킴벌리에 대해 느끼는 당신의 이미지는 어떠한가? 대부분 환경 친화적인 기업으로 떠올릴 것이다. 이유는 간단하다. 경영철학이 확고한 CEO를 중심으로 '우리강산 푸르게 푸르게'라는 뛰어난 마케팅 캠페인 덕분이다. 이들은 오래전부터 환경보전을 위해 나무를 심고 가꾸는 '우리강산 푸르게 푸르게Keep korea green'란 캠페인에 착수해 지금까지 수십억 원에 이르는 기금을 산림조합중앙회에 기탁해 숲을 가꾸는 활동을 펼쳐오고 있다. 수백만 그루의 나무를 심어왔지만 냉철하게 판단할 때 이들이야말로 나무를 가장 많이 베어 환경을 파괴하는 기업일지도 모른다. 이들이 생산하고 판매하는 주력상품인 화장지나 생리대, 기저귀 등이 모두 나무를 원료로 사용하기 때문이다.

이들이 지금껏 심어온 나무보다 베어 쓰러트린 숫자가 많음은 부정할 수 없다. 그럼에도 이를 받아들이는 고객은 드물다. 이것이야말로 고객들의 머릿속에 강하게 구축된 마케팅의 힘이다. 유한킴벌리는 전략적이고 체계적인 PR 활동을 통해 기업수익을 사회에 적극적으로 환원하면서 사회적 책임을 완수하는 기업으로 성공적인 이미지를 구축하고 있다. 만일 이들이 PR이 아닌 광고를 고집했다면 대중으로부터 인정받지 못하고 그저 그런 기업으로 인식되었을 것이다. 이들은 마케터가 지향해야 할 시장이 고객의 머릿속이라는 사실을 정확히 간파한 것이다.

1999년 당시에 밀레니엄을 앞두고 뉴욕타임스는 지난 1,000년에서 최고의 영웅으로 칭기즈 칸을 꼽았다. 동서양의 문화적 물꼬가 되는 길을 실크로드로 닦았다는 공헌을 높이 평가한 것이다. 최고의 말에는 히틀러가 남긴 '대중은 큰 거짓말에 속는다'라는 말이 선정되었다. 언론을 통해 보도되는 내용이 실체적 진실성 여부와는 상관없이 계속해서 언론에 노출되면서 한 목소리를 내면 대중은 믿게 된다. 아니 믿을 수밖에 없다. 이것이 바로 언론과 여론의 무서운 힘이다.

바이럴 마케팅이
중요한 3가지 이유

마케터들은 흔히 상품에 대해서는 자신 있지만 판로가 막혀 답답한 경우가 많다. 이럴 때일수록 새로운 활로를 모색해야만 한다. 그 대안이 될 수 있는 방법이 PR이 아닐까 싶다. PR은 광고와 달리 소비자들이 크게 신뢰한다는 점이 가장 큰 매력이다. 오피니언 리더opinion leader의 공략을 통해 대중에게 확산시키는 방법이 PR의 가장 큰 목적이다.

오피니언 리더란 특정 집단 내에서 타인의 사고방식이나 행동에 강한 영향을 주는 사람을 말한다. 직장 생활이나 조직 생활 또는 사회 생활에서 다른 사람들의 사고방식이나 태도, 의견, 행동 등에 강한 영향을 주는 사람이 있기 마련이다. 이것은 지극히 당연한 세상의 이치다. 사람들이 모여서 사는 곳에는 우두머리가 있고 이를 추종하는 세력이 주위에 포진하거나 형성된다. 이것은 인류의 역사를 통해서도 꾸준히 증명돼 왔다. 이들을 대상으로 어떠한 마케팅 전략을 펼치느냐가 기업의 승부처이다. 이것은 비단 기업의 브랜드 이슈를 넘어 언론이나 정당, 특정 조직에 있어서도 마찬가지다.

대박 상품을 만들고 싶은가? 오피니언 리더 마케팅이 명쾌한 해법이다. 시장에서 게임의 룰을 지배하려면 핵심인물의 마음을 움직이고 감동시켜야 한다. 그들은 사회적 여론을 형성하고 주도하는 오피니언 리더들이다. 위가 움직여야 아래가 움직이는 것이 인지상정이다. 핵심고객층의 마음부터 사로잡아라. 그들이 움직이면 대중들은 자연스럽게 따라오기 마련이다.

오피니언 리더는 커뮤니케이션 이론에서 사용되는 용어로 인식돼 왔다. 매스컴 영향력은 직접 개개인에게 행사되는 것이 아니라 오피니언 리더를 통해 개개인에게 전달된다는 이론이다. 그러나 이것은 최근의 오피니언 리더 속성에 적합하지 않다. 오히려 면밀히 속을 들여다보면 주와 객이 바뀐 꼴이다. 극단적으로 매스컴이 존재하는 이유도 오피니언 리더가 있기 때문이다. 이들을 기준으로 기업이나 정당, 조직 등의 마케팅 전략이 재설정 돼야 한다. 이들을 지배하는 자가 세상을 지배할 수 있기 때문이다. 그들의 입을 통해 일반인들에게 기업이 원하는 목표를 전파시켜야 한다.

구전 마케팅이란 소비자 혹은 그 관련인의 입에서 입으로 전달되는 제품이나 서비스, 기업이미지 등에 대한 입소문 마케팅을 말한다. 사람들이 알게 모르게 이야기하는 입을 광고매체로 삼는 것이다. 구전 마케팅의 기본 원칙은 전체 10퍼센트에 달하는 특정인의 공략이다. 90퍼센트의 다수 소비자들은 10퍼센트의 특정인에 의해 영향을 받게 되므로 10퍼센트의 특정인을 공략하는 전략이다. 특정인에게 무료로 샘플을 보내거나 전자쿠폰이나 초청행사와 같이 소비자로 하여금 상품을 실제 써보고 품질이나 성능을 파악해보게 하는 체험형 판촉도 구전 마케팅 효과를 노린 것이다. 구전 마케팅이 기업들에게 중요한 이유는 다음과 같다.

첫째, 소비자들의 자발적인 참여를 통해 마케팅 목표를 달성할 수 있다. 초기에는 이를 실행하기 위해 구축비용이 들어가겠지만 구전 마케팅의 인프라를 구축한 이후부터는 우호적인 소비자를 통해 본격적인 바이럴 마케팅을 전개할 수 있다.

둘째, 온라인의 수확체증 법칙에 따라 아이디어만 좋으면 얼마든지 확산시킬 수 있다. 최근 셀럽이나 인플루언서의 영향력은 제품의 판매에도 큰 영향을 미치고 있다. 이들은 수백만 명의 회원들에게 막강한 영향력을 행사하고 있다. 하지만 진정성이 결여된 인플루언서의 글은 고객들을 설득시킬 수 없을뿐만 아니라 오히려 고객들의 반감을 키울 수 있다. 비용을 주고 인플루언서들이 글을 써주는 방식을 진행할 때는 신중하게 접근해야 한다.

셋째, 다른 마케팅 수단과 결합해 시너지를 창출할 수 있다. 구전 마케팅을 기획할 때는 구전 마케팅 자체에만 의존하지 말고 IMC 관점에서 접근해야 한다. 구전 마케팅이 진행될 때 시너지를 극대화할 수 있는 세일즈 프로모션을 동시에 전개하자는 것이다. 세일즈 프로모션을 다시 콘텐츠가 하나의 소재가 돼 선순환 구조를 보일 때 효과가 배가 된다.

최근 디지털 마케팅이 대세다. 바이럴 마케팅에서도 가장 활발하게 이용하는 것이 유튜브와 블로그, 서포터즈를 활용한 SNS 마케팅이다. 블로그 마케팅은 블로거가 고객이 돼 직접 매장을 방문하거나 신상품을 써보게 하고 후기를 리뷰 형식으로 진행되고 있지만 고객들은 '블로거지'라 부른다. 똑똑해진 고객은 블로거의 자발적인 글이 아니라 기업에서 후원된 광고라는 사실을 이미 알고 있다. 오히려 출처를 밝혀 고객에게 진정성 있게 다가서야 한다. 상품의 정보를 널리 공유하기 위해 구성된 '서포터즈'도 마찬가지다.

소비자들을 움직이게 만드는 힘! 오피니언 리더들의 입으로부터 시작된다. 이들을 공략하기 위해서는 새로운 발상이 필요하다. 대중들에게 막강한 영향력을 미치는 오피니언 리더들의 행동 양식과 생활방식이 사회적 기준으로 작용하는 경향이 있다. 이들은 대부분 중상층 이상의 고소득을 기반으로 소비를 리드해 나간다. 대체로 고학력자들이고, 주위의 시선에 연연해하지 않고 자신만의 캐릭터를 중시하는 경향이 있다. 이들이 크게 움직이면 트렌드가 되고 새로운 시대적 패러다임이 된다. 이러한 오피니언 리더를 공략할 수 있는 핵심적 툴은 '글'이고 커뮤니케이션의 중심 매체는 온라인과 인쇄 매체다.

인쇄 매체는 커뮤니케이션의 한 축을 담당하면서 역사성과 전통성을 이어오고 있으나 디지털 매체의 홍수 속에 낡은 매체로 터부시되고 있다. 하지만 오피니언 리더를 공략할 수 있는 핵심 매체 중 하나로 의견선도자들은 전문지나 잡지, 회원 소식지 등과 같은 커뮤니티 활동에 활발하게 참여하고 있다. 인쇄 매체는 다른 광고물에서 전달하기 어려운 상품에 대한 상세한 정보를 기사화할 수 있다. 객관적인 기사는 구체적인 상품의 정보와 함께 제공되기 때문에 오피니언 리더 공략에 매우 적합하다. 고객과 쌍방향 커뮤니케이션이 가능해 고객들의 참여율도 증진시킬 수 있다. 기업의 일방적인 주장이 아니라 독자들과 함께 호흡할 수 있는 매체다.

광고와 PR의
차이점 5가지

프로모션 전략에서 가장 중요한 의사결정변수가 '비용'대비 '효과'이다. 다시 말해 해당 프로모션에 소요되는 '비용'이 얼마이고, 기대효과가 얼마나 발생하느냐에 따라 프로모션 실행여부가 결정된다. 프로모션 활동을 많이 하면 할수록 해당비용은 증가하게 되지만 비용과 관계없이 예외적으로 많이 실행할수록 좋은 수단이 PRPublic Relations이다. 오피니언 리더 마케팅의 핵심적인 수단으로 PR은 공공성에 기초하여 기업이나 조직체의 경영이념, 기업 활동, 브랜드 고지 등에 관해 공중과의 쌍방 커뮤니케이션을 통해 공중의 이해와 친선을 도모하는 설득 커뮤니케이션 행위이다.

현업에서 PR의 핵심역할은 '피할 것은 피하고 알릴 것은 알리는 행위'로 익살스럽게 통용되고 있지만 PR은 광고를 대체할 수 있는 막강한 수단이다. 전통적인 마케팅 개념에서는 광고와 PR의 가장 큰 차이점은 '광고는 비용이 발생하는 반면 PR은 비용이 발생하지 않는다'라고 알려져 있지만 현업에서 PR자체를 진행하기 위해서는 전문 PR 대행사를 활용하는 것과 같은 부대비용이 발생한다.

PR에 소요되는 비용은 광고비 절대금액과 비교해 매우 저렴하다.

그럼에도 효과는 그 이상이라는 것이 PR의 최대 매력이 아닐 수 없다. 기업들이 사회적 통념을 뛰어넘어 파격적인 행위로라도 PR을 유도하는 것은 그만큼 경쟁이 치열하기 때문이다. 현재 국내에는 PR만을 전문으로 대행하는 업체 수만도 수십여 개에 달하고 있고, 거의 모든 기업에서 사내에 PR을 전담하는 홍보팀을 별도로 운영하고 있다. PR 환경이 그만큼 어렵다는 사실의 반증이다. 그렇다면 PR이 무엇이기에 이렇게 많은 기업에서 PR을 진행하기 위해 혈안이 돼 있는 것일까? 또한 PR을 통해 실질적으로 얻을 수 있는 구체적인 성과는 무엇일까?

PR과 광고의 차이점

구 분	PR	광고
소통	쌍방향(전달 → 반응 → 재전달 → 합의)	일방적(전달 → 설득 → 행동)
목적	정보제공 → 여론도출 → 매출	매출/이미지
소구형태	고지/설득	설득
비용발생	매우 낮다	매우 높다
목표고객	오피니언리더(Opinion Leader)	사용자(User)
신뢰도	높다	낮다
방법	간접적	직접적

현대는 매스 미디어의 시대다. 우리들은 자신도 모르는 사이에 매스 미디어에 노출돼 있다. 이러한 매스 미디어의 운영비는 대부분 광고비를 통해 충당되는 관계로 우리는 싫든 좋든 하루에도 수백 건의

광고를 접할 수밖에 없다. 그래서 사람들은 TV나, 잡지, 라디오 등의 대중매체를 통해 '우리 것이 좋다'는 일방적인 광고물에 대해 부정적인 생각한다. 하지만 PR 기사는 신문사나 방송사에서 보도되는 객관적인 사실로 받아들이는 경향이 있다. 광고와 비교해 신뢰성이 매우 높다는 것이 PR의 가장 큰 매력이다.

그렇다면 광고와 PR의 구체적인 차이점에는 5가지가 있다.

첫째, 커뮤니케이션 관점에서 PR은 쌍방향적이다. 매체사는 고객들에게 정보를 전달하고 고객들은 반응하며 재전달하는 과정을 거친다. 이에 비해 광고는 일방적이다. 메시지 전달을 통한 고객들을 설득하고 행동을 유발시키려는 너무 뻔한 행위다.

둘째, 목적이 다르다. PR은 정보제공을 통한 여론 도출이 1차 목표가 되고 이를 통해 간접적으로 매출을 지원하는데 비해 광고의 목적은 매출과 이미지 형성이다.

셋째, 비용의 이슈다. PR이 최소의 비용이 소요되는데 비해 광고는 마케팅 재원에서 막대한 비용을 차지한다.

넷째, 목표고객이 다르다. 광고가 불특정 다수를 상대로 사용자에 초점이 맞춰진다면 PR은 사회의 여론을 지배하는 오피니언 리더가 핵심적인 타깃이다.

다섯째, 신뢰도 측면에서 광고가 비용만 지급하면 누구나 집행할 수 있다는 차원에서 신뢰도가 떨어지는 비해 기자의 입으로 보도되는 기사는 광고에 비해 월등히 신뢰하는 특성을 가지고 있다.

PR과 매출액과는 어떠한 상관관계가 있을까? 직접적인 관련이 있다. 애경에 근무할 당시에 공익을 목적으로 전국의 양로원과 고아원을 청소한 일이 있다. 신제품에 대한 PR 기사를 유도할 목적에서 기획된 행사로 홍보실과 함께 했다. 국내 최초로 출시된 신제품 이슈화 목적으로 양로원과 고아원 청소를 선택한 것이다. 5인 1조로 나누어서 전국적인 청소 캠페인을 시작했다. 홍보실에서 언론사를 섭외해 신문기사는 물론 뉴스에도 나오자 할인점의 매출이 늘어나는 것을 확인할 수 있었다.

광고가 비용을 직접 지불하고 신문이나 언론매체 지면을 사는데 비해 PR은 별도 비용 지불 없이 언론사에서 편집자 자신이 객관성을 검증하고 스스로 기사화하기 때문에 사람들은 객관적으로 검증된 PR 기사를 광고주가 일방적으로 던지는 광고보다 더 믿는다. 진정성 있는 마케팅에 매우 적합한 수단이다. 최근 능력 있는 홍보맨들의 몸값이 하늘을 찌르고 있다. 지금은 화려한 광고잔치는 끝났다. 지금은 포스트 광고 시대로서 그 대안이 PR이란 인식이 확산되고 있다.

CEO들은 마케터들이 PR의 효력에도 광고를 주로 선호하는 이유를 알아야 한다. PR은 어렵고, 돈만 지불하면 되는 광고가 훨씬 수월하기 때문이다. 하지만 시대가 바뀌었다. 이전과 달리 국내에는 수십 개의 전문 PR 대행사가 활동하고 있다. 그들을 활용하면 된다. 그들은 언론사와 형성된 별도의 인맥을 통해 기대이상의 PR성과를 올리고 있다.

특히 PR 성과에 따라 가변적인 수수료를 채택하고 있기 때문에 비용에 대한 리스크도 낮다. 특별히 유의할 점이 있다면 사내에 별도의 홍보팀이 있는 경우 마케터는 홍보팀과 PR 대행사의 중재에 각별히 신경 써야만 한다. 그렇지 못할 경우 PR 대행사와 홍보팀간의 업무 중복이나 충돌로 업무 혼선을 피할 수 없기 때문이다.

PR에서 파생된 MPRMarketing Public Relations 기법도 있다. 해외에서 가장 효과적으로 활용하고 있는 곳은 베네통으로 이들은 키스하는 신부와 수녀나 수갑을 찬 흑인과 백인 남성 등과 같이 충격적인 장면을 그대로 광고로 활용한다. 이들은 제품대신 '사회적 이슈'를 팔자는 의도로 광고는 간략하게 집행하고, 나머지는 매스컴에 맡긴다는 전략을 취하고 있다.

PR의 성과는 경쟁사와 비교해 언론에 보도된 기사물의 크기와 노출 횟수로 측정된다. 자사에 대한 부정적인 보도내용을 사전에 차단하는 '위기관리 능력'도 PR의 핵심 업무라 할 수 있다. 부정적인 내용을 사전에 차단하는 일은 홍보실의 업무이고, 마케터는 홍보실은 항상 기자들을 사로잡을 수 있는 '임팩트 있는 기삿거리'에 목말라 있다는 사실을 알아차려야 한다.

이러한 홍보맨들의 고민은 마케터들이 '어떻게 하면 자신이 담당하는 브랜드 및 서비스를 고객에게 알릴까?'라는 아이디어 발굴과 정확히 일치하고 있다. PR을 극대화하기 위해 홍보전략 회의를 제안한다. 홍보실과 마케팅이 매월 정기적으로 PR 전략회의를 진행하면서 PR 활동을 진단하는 것이다. PR 회의를 정기적으로 진행할 경우 전사적인 측면에서 체계적으로 PR을 진행할 수 있을 뿐만 아니라 마케터들에게 PR 지향적인 마인드를 배양시킬 수 있다.

홍보실과 마케팅 간 창구일원화로 조직 시너지도 극대화될 것이다. 홍보 전략 회의에서 성과를 극대화할 수 있는 가장 좋은 방법은 최고경영자가 직접 회의를 주제하는 것으로 선진 다국적기업들은 이를 시행하고 있다.

PR에 도움이 되는
8원칙

국내에는 수많은 기업들은 사내에 홍보실을 운영하면서 PR 업무를 수행하고 있다. 업계를 불문하고 차별화된 아이디어로 PR 기사를 확보하기 위해 노력한다. 하루에도 넘쳐 나는 수많은 사건과 사고 속에서 자사 기사를 매체에 기사화한다는 것은 여간 어려운 일이 아니다. 이를 위해 효과적으로 PR 업무를 수행하는 데 도움이 될 수 있는 원칙을 제시하고자 한다.

첫째, 항상 기자의 입장에서 사고하라! 고객의 입장에서 생각하라는 개념이 마케팅의 출발점인 것처럼 PR 콘셉트를 선정하고 PR기사를 작성할 때는 항상 '기자의 입장'에서 생각하고 객관적으로 기사를 작성하는 사고가 중요하다. 언론매체의 가장 큰 특징은 사실에 대한 객관적인 앵글이다. 자사 중심에서 자신의 제품이나 서비스를 기사로 작성한다면 기자의 휴지통으로 들어갈 확률이 높다.

둘째, 필요한 정보는 최대한 풍부하게 작성하라. 만일 '떠오르는 캐릭터 마케팅'이란 콘셉트로 기획기사를 작성하고자 가정하면 자사 캐릭터 소개에 국한하지 말고 캐릭터 마케팅의 어원에서부터 외국 사례, 국내 실태, 업계 동향 등에 대해 폭 넓게 작성하는 것이다. 기자들은 바쁘다. 그들이 일일이 다른 업체들에게 전화해서 정보를 조사할 시간이 없다.

셋째, 잘 나간 사진 기사는 100장의 문서 기사보다 효과적이다. 매체의 범람으로 독자들은 하루에도 무수한 매체를 직·간접적으로 접하고 있다. 사람들은 언론에 보도된 기사를 모두 읽는 것은 불가능하다. 하지만 사진 기사는 매우 가독성이 뛰어난 특징을 가지고 있다. 미국 백안관에서 신문 기사를 점검할 때 헤드라인 사진 기사를 맨 처음 스크랩하는 데는 그만한 이유가 있다. 사진 기사를 유도하고자 할 때는 PR 콘셉트도 중요하지만 장소가 서울시내 4대문 권역일 때 유리하다. 우리나라 언론사가 집결된 곳으로 사진 기자들이 취재하기에 부담 없는 거리라 대체로 많이들 참석하는 경향이 있다.

넷째, PR은 타이밍을 놓치면 백해무익이다. 기자들이 가장 좋아하는 말은 '특종' '단독' '처음' 이란 말이다. 즉 기사의 타이밍이 얼마나 중요한지를 나타내는 말이다. PR 되기를 희망하는 날짜보다 최소한 이틀 전에는 기자에게 자료를 보내는 것이 좋다. 아무리 좋은 기사도 2, 3위로 보도되는 기사는 기자들에겐 무의미할 수 있다. 기자들은 시의적절한 콘셉트를 매우 좋아한다. 예를 들어 밸런타인데이를 타깃으로 기사를 희망한다면 적어도 2~3일 전에 4대문권 안에서 밸런타인데이 이벤트를 진행하고 사진기자를 초빙하는 것이다. 밸런타인데이 하루 전이나 당일에 이벤트를 진행하는 업체수 만도 수십여 개에 이르고 튀는 아이디어도 많기 때문에 이들의 홍수 속에 묻히지 않기 위해서다.

다섯째, 홍보실과 마케팅 부서 간 시너지를 극대화하라. 아무리 뛰어난 기사 콘셉트 일지라도 부서 이기주의에 빠지면 보도되기 힘들다. 홍보실과 마케팅 본부 간에 긴밀한 유대관계가 조성될 때 다른 기업보다 경쟁우위를 지닐 수 있다.

여섯째, 사회공익과 기업의 사회적 책임과 연계할 때 PR이 용이하다. 자사의 상품이나 서비스가 아무리 뛰어날지라도 이를 객관적으로 기사화하는 일은 힘들다. 하지만 공익과 연계하여 PR을 진행할 경우 의외로 쉽게 기사화되는 경향이 있다. 앞에서 제시된 '911캠페인'이 좋은 사례가 될 것이다.

일곱째, PR과 같은 유형의 광고물을 제작할 때는 신중을 기해야 한다. 최근 유행처럼 번지고 있는 광고 형태가 기사화된 광고의 유형이다. 이러한 광고는 객관적 사실에 근거한 것처럼 각색되지만 똑똑한 소비자들은 이것을 금방 알아차릴 수 있다.

여덟째, 매일매일 발행되는 매체가 PR의 최고 스승이다. 하루에도 일간지를 비롯해 온라인 매체 등 수많은 기사가 범람하고 있고, 홍보실은 이를 체계적으로 정리하고 있다. 다른 기사를 벤치마킹하면서 아이디어를 발굴하라. 아주 작은 부분에 살을 붙이거나 앵글을 달리하면 얼마든지 차별화된 PR 콘셉트를 발견할 수 있다.

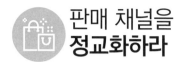

판매 채널을
정교화하라

브랜드 매니저로 근무할 당시에 시즌성 제품을 담당했던 나는 프로모션을 기획할 때마다 딜레마에 빠졌다. 영업사원에 대한 인센티브 시책을 취하는 것이 옳은지 아닌지 판단이 서질 않았던 것이다. 상사들도 의견이 나뉘었다. 본부장은 일시적인 효과라며 반대했고, 팀장은 강력히 주장했다. 그때마다 매출에 쫓기던 팀장의 의견에 따라 인센티브 정책을 시행했다. 성수기를 대비해 채널 침투율에 따라 영업부에게 현금을 지급하는 방식이었다.

영업부를 겨냥한 인센티브 정책은 강력한 효과를 발휘했다. 돈이 걸렸기 때문이다. 문제는 프로모션이 끝나고 여름철이 지나면 판매된 제품이 반품으로 되돌아왔다. 이를 대비해 안전장치도 만들었지만 반품을 막을 도리가 없었다. 그러던 중에 영업부 동기로부터 이상

한 말을 들었다. 자기들은 매출액과 상관없이 인센티브만을 취하는 노하우가 따로 있다는 것이다. 그때는 망설였지만 지금은 확신할 수 있다. 영업사원을 겨냥한 현금 인센티브는 마약과 같은 단기적인 프로모션이므로 현명한 마케터라면 브랜드 리더십에서 근원적인 해법을 찾아야 한다.

마케팅 부서와 영업 부서의 근본적 차이는 무엇일까? 마케팅이 상품의 출시부터 소비자가 상품을 구매하고 피드백 하는 전반적인 과정에서 총체적으로 관리할 책임이 있다면 영업부서의 역할은 만들어진 상품을 고객들에게 판매하는 역할을 맡는다. 즉, 마케팅이 전사 관점에서 브랜드를 관리하는 데 비해 영업은 현장에서 상품을 판매한다.

만일 영업과 마케팅 간에 충돌이 일어날 때 CEO가 영업부의 손을 들어준다면 마케팅은 단지 영업을 지원하는 부서로 전락돼 제품의 브랜드 로열티가 악화될 수밖에 없다. 결국 월마감 매출액에 쫓기다가 한 순간에 회사가 걷잡을 수 없는 상황으로 치달을 수도 있다. 반면 스마트한 CEO는 영업부와 마케팅부의 긴장 관계를 적절하게 활용하면서 선의의 경쟁을 통해 조직에 활력을 불어넣는다.

마케터가 효율적으로 채널을 관리하기 위해서는 영업부와의 긴밀한 커뮤니케이션이 필수다. 영업은 유통을 관리하는 부서로 이들이야말로 마케터에게 가장 중요한 내부 고객이다. 여기서 최고경영자들이 반드시 알아야 할 사실이 있다. 기업 경쟁력의 근원도 단순화시키면 상품력과 조직력에서 발원한다는 사실이다. 상품력은 R&D와 마케팅에서 만들고, 조직력은 영업본부를 통해 장악할 수 있다.

채널을 장악하면
시장을 지배할 수 있다

국내 대형마트가 위기다. 스마트폰의 활성화에 따른 온라인쇼핑이 확대된 결과이다. E커머스 기업들은 발 빠른 행보로 대형마트 수요층을 급격히 잠식하고 있다. 이러한 이유 때문에 E마트가 창립 이래 최초로 적자를 기록했다(2019/2분기). 신세계 정용진 부회장은 이를 타개하기 위해 광고홍보 담당 임원을 새롭게 영입했지만 쉽지 않을 것으로 전망된다. 롯데마트도 같은 기간에 339억 원의 영업손실을, 홈플러스도 영업이익에서 전년대비 57퍼센트가 감소한 것으로 나타났다.

일반적으로 고객들은 매장에서 정보를 탐색하고, 매장에서 제품을 구매했다. 하지만 이것은 전형적인 오프라인 방식으로 지금은 확 변했다. 오프라인에서 눈으로 제품을 확인하고 스마트폰으로 재검색한 다음에 구매처를 결정한다. 주로 온라인상에서 '디지털 구매여정'을 통해 의사결정이 이루어지는 것이다. 손가락 하나로 다 되는 스마트폰 세상이 돼가면서 온라인에서 고객들의 동선이나 구매여정 관리가 채널관리의 핵심이 되었다. 마케터들은 길목 길목에서 온라인에

체류하는 고객에게 연관 검색어나 키워드 노출, SNS 매체 등을 활용한 디지털 마케팅에 사활을 걸어야만 한다. 소비자들이 주로 사용하는 검색 채널은 네이버가 92퍼센트, 유튜브 60퍼센트, 구글 59퍼센트, 다음 37퍼센트 순으로 나타났다. 동영상플랫폼의 경우 유튜브가 89퍼센트, 네이버TV43퍼센트, 인스타그램 26퍼센트, 페이스북 24퍼센트 순으로 조사되었다.

고객들이 대안을 평가하는 단계에서부터 확신을 심어주는 마케팅 활동이 기본이다. 온라인에서는 신뢰도 및 가성비가 우선이고, 구매를 유도하기 위한 바이럴, 인플루언서 마케팅, 크리에이터 등의 긍정적인 리뷰와 콘텐츠를 적극적으로 배포해야 한다. 타깃을 겨냥한 키워드나 리타깃팅, 인플루언서, 셀럽 등을 통해 정보가 도달되게 만들고, 구매편의성 제고를 위해 상세페이지나 연출컷 등을 고객 중심적으로 설계함으로써 악성 루머를 사전에 차단하는 것이 좋다. 온라인채널의 핵심은 고객들의 구매여정 관리를 통한 길목을 선점하는 것이다.

기업에서 만들어진 상품은 다양한 채널을 통해 소비자에게 전달된다. 초기 유통은 부족한 상품을 조달하는 것이 목적이었으나 지금은 넘쳐나는 상품들 속에서 소비자를 만족시켜 재구매하도록 유도해야 한다. 이러한 이유로 채널 간 경쟁이 극심해지고 있다. 온라인과 오프라인 경쟁을 시작으로 백화점과 할인점, 전문점 등으로 채널이 세분화되면서 유통업자에게 힘이 전이되었다. 이들은 막강한 구매력을 무기로 제조업자에게 가격 할인이나 입점비, 부대비용 등을 요구하고 있다.

유통 경로에서 갈등은 필연적으로 발생한다. 제조업자가 자신이 직접 점포를 개설해 운영하면 문제될 것이 없지만 대부분의 상품은 다양한 유통 경로로 전달되고, 각각의 경로구성원들은 '마진'을 놓고 이해관계가 충돌하고 있다. 다양한 유형의 갈등에서 가장 전형적인 것이 제조업자와 유통업자 사이에서 벌어지는 수직적 갈등이다.

대형할인점들은 제조업자에게 과도한 가격 할인을 요구한다. 이들은 유통단계를 크게 축소시키며 유통산업의 발전을 앞당겼다는 긍정적 평가를 받고 있으나 최저가를 놓고 사투를 벌이면서 제조업자에게 피해를 전가시키고 있다. 양사가 가격을 놓고 신경전을 벌이지만 결국은 협상의 주도권을 쥐고 있는 유통업자들의 승리로 끝난다. 이에 대응하려고 대형할인점에 경험이 많은 영업사원을 배치시키지만 속수무책인 경우가 많다.

그렇다면 제조업자가 유통업자에게 끌려가지 않고 힘의 우위에 설 수 있는 방법은 없을까? 제조업자가 힘의 우위에 설 수 있는 최선책은 강력한 브랜드 로열티를 보유한 1등 상품을 육성하는 길이다. 유통업자도 제조업자와 마찬가지로 고객이라는 공통분모를 가지고 있기 때문에 고객이 1등 브랜드를 원하면 매장에 진열할 수밖에 없다. 즉, 채널 침투율을 자연스럽게 해결될 수 있다. 1등 상품은 회전률이 높기 때문에 유통업자에게도 높은 이익을 제공한다.

　매장에서 저관여 상품이 성공하려면 진열도 중요한 요소다. 저관여 상품의 구매 의사결정은 현장에서 이루어지는 경우가 많다. 소비자들은 판촉물이나 진열상태, POP, 판매사원의 권유에 따라 매장에서 90퍼센트 이상이 처음 계획했던 것과는 다른 상품을 구입한다. 진열이 중요한 이유는 진열이 열세하면 판매도 열세하다는 상관관계 때문이다. 채널에서의 진열은 고객과의 가장 훌륭한 커뮤니케이션 수단으로 고객에게 광고라는 파수꾼 역할도 수행한다. 상품의 얼굴에 해당되는 브랜드를 잘 보이게 진열함으로서 인지율을 높이는 간접효과도 얻을 수 있다.

　채널 전략은 소비자들이 원하는 상품을 좀 더 손쉬운 방법으로 구매할 수 있도록 시간과 공간적 장애요인을 최소화시키는 일이다. 기업에서 만들어진 모든 상품은 다양한 유통 경로를 통해 소비자에게 전달되고, 소비자들은 자신이 원하는 상품을 가장 편리한 공간에서 구매한다. 마케팅에서 유통의 변화와 트렌드에 주목해야만 하는 이유는 유통은 소비자와 제품이 만나는 고객 접점이기 때문이다. 아무리 좋은 제품도 고객이 구입할 수 있는 장소적 가치를 제공하지 않으면 성공하기 어렵다. 제품 콘셉트와 일치하는 유통 채널에 침투율을 높이고 새로운 채널도 개척해야만 한다.

　유통은 채널 자체를 강력한 차별화 수단으로도 활용할 수 있다. 실제로 국내 1위 화장품 메이커인 아모레퍼시픽은 다수의 브랜드를 상품의 콘셉트별로 백화점이나 전문점 그리고 방문판매, 자사 채널로 특화하면서 상품 간에 발생할 수 있는 자기잠식도 효과적으로 방지하고 있다. 특정 유통에만 공급하는 특정 규격의 제품도 채널 간 충돌을 방지할 수 있는 훌륭한 방법이다. 최근에 LG전자가 '케어솔루션'이라는 브랜드를 출시해 방문판매 채널을 개척하는 것도 시대적 트렌드를 감지했기 때문이다.

채널별
마케팅 전략

제조업자와 소비자는 유통 경로가 단순할수록 이익이다. 아니 유통 경로 없이 제품을 소비자에게 바로 전달할 수 있으면 서로에게 큰 혜택을 줄 수 있다. 채널과 유통 단계가 많을수록 소비자는 유통 마진이 많이 포함된 상품을 구입해야만 한다.

유통은 크게 온라인과 오프라인으로 구분할 수 있다. 오프라인을 대표하는 채널로는 할인점과 전문점, 백화점, 슈퍼마켓, 편의점, 아웃렛 등이 있다. 마케터는 각각의 채널별 특징과 장점을 꿰뚫고 있어야 제대로 된 전략을 구사할 수 있다. 이들 중에서 특히 홈쇼핑 채널에 주목할 필요가 있다.

국내에 TV 홈쇼핑이 개국할 당시에 전문가들은 실패를 예견했다. 쇼핑은 눈으로 직접 보고 매장의 직원들로부터도 대접받으면서 사는 것이 맛이라는 이유에서다. 하지만 이들의 예상은 정확히 빗나가고 말았다. 우리나라에서 홈쇼핑은 전 세계도 유례를 찾아보기 힘들 정도로 초스피드로 성장했다.

무엇보다 구매한 상품이 고객의 마음에 들지 않을 경우 20일내에 반품이 가능하다는 파격을 통해 오프라인 유통과의 차별화를 시도, 초기 구매에 대한 불신감을 획기적으로 제거한 것이다.

홈쇼핑 채널은 사업자(공급자) 관점에서 홈쇼핑 사를 경유하기 때문에 간접 유통이지만 소비자(수요자) 관점에서는 직접 판매 채널로 인식할 수 있다. TV 홈쇼핑은 유통업과 방송업이 결합된 엔터테인먼트형 비즈니스로 TV 뿐만 아니라 카탈로그, 쇼핑몰 등에서 엄청난 성과를 발휘하고 있다. 홈쇼핑은 유통조직이 없는 중소기업 상품에 최적이다.

중소기업의 CEO들이 주목해야 할 메리트로 매출과 광고효과를 동시에 추구할 수 있기 때문이다. 매출이 저조할지라도 해당 시간에 노출된 상품에 대한 광고 효과는 큰 자산으로 구축된다. 우수한 상품임에도 판매 조직을 갖추지 못한 중소기업의 상품, 초기에 런칭하는 구전 마케팅을 희망하는 아이디어 상품의 경우 홈쇼핑 채널은 매우 효과적이다.

반면에 반품율이 높기 때문에 대처 방안을 강구해야 한다. 소비자들이 경품에 매혹돼 자신도 모르게 주문하고 나서 반품을 요구하는 경우가 빈번하다. 패션의류 상품의 경우 아름다운 모델이 화려한 조명아래서 입었을 때와 자신이 집에서 입었을 때의 상황은 크게 다르기에 반품율이 높다.

택배를 통해 반품되기 때문에 완제품이 다소 훼손될 수 있다. 또한 방송할 때 정확한 수요 예측이 다소 어렵다는 단점이 있다. 특히 상품을 처음으로 방송할 때는 고객의 수요 예측이 매우 어렵다. 상품의 특성과 성격에 따라 고객의 주문이 천차만별로 재고 이슈가 전면으로 등장할 가능성도 높다.

한편 특정한 상품을 특정한 유통 경로에만 국한해서 공급하는 전략도 구사할 수 있다. '유통 경로를 다양하게 확대할수록 매출도 증가한다'는 일반적인 사고를 전환, 상품 특성과 채널 특성이 부합되는 특정한 유통 경로로 국한시킬 때 오히려 효율성은 배가 되고, 타깃도 명확해질 수 있다. 가격통제는 물론 일관된 마케팅 정책을 운영할 수 있기 때문이다. TV 홈쇼핑에서 판매하는 전자제품과 용산에서 판매하는 전자제품 그리고 하이마트에서 판매하는 상품이 서로 저가격 경쟁을 지향하므로 전용 제품으로 규격을 차별화하는 방법이다.

마케터가 유통 전략을 계획하고 집행하는 데 있어 전략적인 사고로 영업을 리드할 수 없다면 문제다. 유통전략을 수립할 때 마케터가 고려해야 할 방안은 다음과 같다.

첫째로 제품의 콘셉트와 일치하는 핵심유통을 선정해야 한다. 제품이 추구하는 STP 전략에 따라 핵심 유통에 대한 규정이 선행돼야 한다. 유통 시장이 세분화되면서 '점포특성=고객특성'이 상관관계를 가지고 있다. 확정된 타깃 채널에 대한 특별관리가 필요하다. 분산된 프로모션보다 핵심 유통에 대해 자원의 집중화를 통한 효율성을 기할 수 있기 때문이다.

둘째는 경쟁사 브랜드에 대한 유통 현황분석이 선행돼야 한다. 마케팅 의사결정에서 간과할 수 없는 축이 경쟁사 동향이다. 채널 전략도 마찬가지로 경쟁사의 영업정책에 따라 자사 브랜드를 전략적으로 운영해야 한다. 하지만 유통은 통제가 불가능하기 때문에 운신의 폭이 좁을 수밖에 없다. 채널은 고객과 자사 상품의 교환이 발생하는 고객 접점이다. 고객 접점에서 고객행동을 관찰하는 것은 가슴 벅찬 일이다.

셋째는 영업과 긴밀한 커뮤니케이션이 필수다. 영업부는 채널을 관리하는 부서다. 이들은 마케터의 내부 고객이 된다. 이들과의 유대관계를 우호적으로 조성하지 못하고서 제품을 시장에서 성공시킨다는 것은 매우 어려운 일이다. 영업부 목소리에 항상 귀를 기울이면서 그들의 요구를 적절하게 수렴하라. 상품이 소비자 손에 도달하려면 경로 구성원들을 반드시 경유해야만 하고, 이들을 만족시킨 다음에야 소비자도 만족시킬 수 있기 때문이다.

넷째는 적재적시의 물류배송 시스템을 구축하는 점이다. 물류 시스템의 설계는 유통운영 전략에서 경쟁사와 차별화할 수 있는 강력한 수단이다. 대형 할인점들은 납품업자들에게 적재적시에 재고를 공급하지 못할 경우 패널티를 부여하고 있다. 특히 농수산물과 같이 제품의 유통기간이 생명인 식품 등과 같은 카테고리는 물류가 핵심 경쟁력이 된다.

다섯째는 영업 현장에서 구매시점에 과도한 프로모션은 지양해야 한다. 구매시점에서 브랜드에 대한 세일즈 프로모션을 너무 자주, 오랫동안 진행하면 브랜드 로열티를 크게 훼손시킬 수 있다.

해답은 고객에게 있다

국내 TV 홈쇼핑은 전 세계 유례를 찾아볼 수 없을 정도로 빠르게 성장했다. 당시 홈쇼핑 사에 근무할 때의 일이다. 나날이 주문이 늘어나면서 고객들의 클레임도 폭주하기 시작했다. 그중에서 가장 황당한 경우가 값비싼 보석이나 의류를 주문해서 특정일에만 착용하고 마음에 안 든다며 반품하는 고객들이었다. 고객이 불만족할 경우에 20일내 무조건 반품이 가능하다는 서비스를 악용한 것이다.

신용카드 사에서도 마찬가지다. 가장 기억에 남는 고객이 직장인으로서, 그것도 같은 마케팅을 하면서 클레임을 걸어온 L그룹의 과장이었다. 어느 날 프로모션을 진행한 담당자로부터 특이한 보고를 받았다. 홈페이지에 당첨자 공고가 하루 늦었는데 그걸 가지고 시비를 걸어오는 고객이 있다는 것이다. 정황을 파악해보니 회사에서 이벤트를 진행할 때 그 고객이 응모했고, 하루 늦게 올라간 당첨자 리스트에 자신이 없는 것을 확인하고 문제를 제기한 것이다. 고객의 정보를 파악하고 황당했다. 일전에도 유사한 클레임을 걸어왔던 사람으로 모 백화점의 마케팅 부서에 근무하는 직장인이었던 것이다.

생활용품 회사에 근무할 때도 비슷한 일을 겪었다. 어느 날 고객만족팀으로 소비자가 찾아와서 배상을 요구하기 시작했다. 제품을 사용하다 도대체 무슨 억울한 일을 당했는지 고객만족 팀의 업무가 마비될 정도였다. '아, 글쎄 사장을 데리고 오란 말이야!' 무턱대고 고함을 외치는 소리가 들리면서 소비자의 목소리 톤이 높아지기 시작했다.

도대체 몇 천 원 하는 생활용품을 사용하다 뭐가 잘못되었기에 저러나 싶었다. 그때 갑자기 뜨끔해졌다. 회사에서 주로 기능성 제품을 담당했던 사람은 다름 아닌 나였기 때문이다. 혹시나 싶은 마음에 CS 팀으로 향했다. 아니나 다를까? 상황을 파악해보니 내가 담당한 습기제거제를 사용하다가 넘어져서 값비싼 이불을 망쳤다며 수백만 원의 손해배상을 요구한 것이다.

목소리가 크고 너무나도 당당한 그를 보면서 전문가라는 느낌이 들었다. 고객만족 팀에서 확인해본 결과, 역시나! 다른 회사에서도 이미 찾아가서 목적을 달성했던 사람으로 소비자보호원에도 이름이 등록된 블랙리스트 고객이었다.

우리들 주변에는 '소비자가 왕이라는' 사고를 전문적으로 악용하는 소비자들이 꽤 많다. 제품을 상습적으로 반품하거나, 작은 약점을 붙잡아 클레임을 걸어오는 고객들 중에서 목소리가 큰 사람은 의심해볼 필요가 있다. 이들 무심코 지나치다 보면 이러한 클레임 고객들은 계속 늘어날 것이고, 결국 그 피해는 기업들에게 돌아올 것이다.

기업에게 고객은 절대적으로 중요하다. 상품이나 서비스에 대한 비용(돈)을 지불하는 주체이기 때문이다. 그렇다면 모든 고객에게 기업은 충실해야만 할까? 천만의 말씀이다. 고객들 중에는 수익을 가져다주는 사람이 있고, 오히려 피해를 주는 사람도 있다. 모든 고객이 동일한 수익을 가져다주지도 않는다. 말인즉, 모든 고객을 만족시킬 필요가 없고 집중과 선택이 필요하다. 고객을 체계적으로 등급화 하되 우수한 고객을 적극적으로 공략해야만 한다. 신규 고객 창출보다 기존고객의 과학적인 관리가 CRMCustomer Relationship Management의 핵심이다.

장사는
사람을 남기는 것이다

"장사는 이문을 남기는 것이 아니라 사람을 남기는 것이다. 상업이란 이익을 추구하는 것이 아니라 의를 추구하는 것이다. 소인은 장사를 통해 이윤을 남기지만 대인은 거래를 통해 사람을 남긴다." 이 말은 최인호의 『상도』에 나오는 거상 임상옥의 말이다.

과연 그럴까? 미국마케팅협회AMA는 기존 마케팅 정의에 고객관계
관리CRM를 새롭게 추가해 새로운 정의를 내렸다. 우리 선조들은 이
미 오래 전부터 장기적인 관점에서 사람을 얻는 것이야말로 마케팅
에서 가장 중요하다는 것을 정확히 꿰뚫어 보고 있다. 그런데 되새겨
보면 이말 속에는 사람을 남김으로써 CRM의 핵심인 고객생애가치
LTV:life time value 관점에서 장기적으로 진짜 이문을 취하겠다는 엄청난
뜻도 함축돼 있다.

CRM은 고객이 원하는 것이 무엇인지를 정확하게 분석하고 꿰뚫
어야만 한다. 모든 고객이 아니라 핵심 고객을 중심으로 고객을 등급
화하고 수익을 가져다주는 고객들에게는 그만큼의 혜택을 제공해주
는 것이다. 시장을 넓히면서 환경과 경쟁사의 변화에도 민첩하게 대
응해야 한다. 기존 고객의 선호와 니즈를 정확하게 파악하고, 그들
이 원하는 가치를 제공해주는 일이다.

모든 고객이 기업에게 동일한 수익을 가져 주지는 않는다. 세상에
는 참으로 다양한 사람도 많다. 뇌 구조가 참으로 궁금한 사람들로
모두가 기업에게는 디마케팅De-marketing 대상이다. 고객은 크게 신규
고객과 기존 고객으로 구분할 수 있다. CRM에서는 신규 고객에 대
해서는 관심이 적다. 기존 고객을 등급별로 구분해서 체계적으로 관
리하는 전략이 CRM이 등장한 핵심 배경이다.

상위 30퍼센트 고객이 매출의 70퍼센트를 차지하고 이것은 수익

의 84퍼센트에 해당된다. LTV 차원에서 기존 고객을 유지하는데 드는 비용이 '1'이라면 신규 고객을 유치하는데 '5'라는 비용이 소요된다고 한다. 성숙한 시장일수록 신규 고객을 확보하기보다 기존 고객을 유지하고 강화하는데 초점을 맞춰야하는 이유다. 실제로 홈쇼핑사에 근무할 때나 카드 사에 근무할 때도 고객들의 빅데이터를 돌리면 이와 매우 흡사한 지표가 도출되었다.

매장에서도 마찬가지다. 뜨내기 고객보다 단골이 늘기를 바라는 건 모든 사장들의 공통된 마음일 것이다. 고객의 유형 중에 가장 중요한 사람은 '재방문 고객'이다. 자주 와서 많이 쓰는 고객으로 효율성이라는 관점에서 재방문 고객의 유지는 매출 증대를 위해 가장 좋은 방법이다. 신규고객을 창출하기 위해 소요되는 노력과 기존 고객을 다시 방문하게 만드는 비용은 크게 차이가 난다.

신규 고객을 유치하려면 매장의 메뉴와 장점, 위치, 주차 여부 등을 알리기 위해 적지 않은 비용과 노력이 수반된다. 첫 방문을 유도하기 위해 할인 쿠폰이나 홍보 전단지도 제작해 배포해야 한다. 반면에 1회 이상 방문한 경험 있는 고객을 다시 방문하게 만드는 일은 추가 비용이 별로 들지 않는다. 고객이 매장에 있는 동안에 최대한 집중하면서 최선을 다해 기대 이상의 서비스를 제공하면 된다. 여기에는 관심과 노력이 들뿐 추가 비용은 들지 않는다.

CRM을 한마디로 정의한다면 수익을 가져다주는 고객을 등급에 따라 구분하고, 유지하기 위한 일련의 마케팅 활동이다. CRM의 시발점은 고객의 체계적인 분석이다. 기존 고객을 정교하게 세분화해 고객별로 가치를 파악하고 이에 대응한 마케팅 전략을 수립하는 일이다. 이후에 다양한 상품과 서비스를 개발해 고객의 다양한 참여를 유도해 고객에게 장기적인 관점에서 수익을 취하자는 전략이다.

CRM은 고객과 직접 거래를 수반하는 정보통신이나 금융권(보험, 증권, 카드) 등과 같은 서비스 업계와 홈쇼핑이나 백화점, 대형할인점 등 유통업계, 구매 단가가 높은 제조업에 보편화돼 있다. 시장이 성숙하거나 클수록 CRM의 중요성은 부각될 수밖에 없다. '유형의 상품(브랜드)을 제조·판매하는 소비재용품 회사에서 마케팅부서의 핵심과업이 브랜드 로열티나 리더십을 강화하는 일이라면 무형의 서비스 상품(브랜드)을 판매하는 서비스 업계의 핵심과업은 단연 CRM이다.

불특정 다수를 상대로 제품을 판매하는 생활용품 업체들에게도 CRM은 중요한 수단이 될 수 있지만 이를 실현하는 데는 현실적인 제약이 따른다. 물건을 구매하는 고객들의 정보를 확보하기가 곤란하기 때문이다.

국내에서 비교적 성공적으로 CRM을 구축한 대표적인 기업으로는 금융권의 KB국민은행, 신한은행 등이 있고, 이동통신사로는 SKT 그밖에 삼성생명과 현대백화점 등이 있다. 이들이 막대한 거금을 투자하며 CRM을 구축한 배경에는 미래 기업수익을 결정하는 가장 경쟁력 있는 모델이 CRM이라고 확신했기 때문이다.

고객은 관점에 따라 다양하게 구분할 수 있다. 시점에 따라 구분할 수도 있고, 자사에게 수익을 가져다주는 지표라 할 수 있는 이용금액이나 수익율에 따라 구분할 수도 있다. 또는 채널이나 지역별로도 구분이 가능하다. 여기서 중요한 것은 각각의 차원별로 분석되는 지표의 의미가 달라지므로 마케팅 전략은 구미에 맞게 타깃이 명확해야 한다. 자사의 고객부터 등급화하라. 고객의 경계선을 분명히 하자는 말이다. 고객의 경계선이 분명해야지 고객별 분명한 전략 방향이 도출될 수 있다.

고객을 사로잡는
체험 마케팅

고객의 마음을 움직일 수 있는 전략이 있다. 기업에서 판매하는 상품을 직접 체험하게 만드는 일이다. 체험 마케팅 experience marketing이란 기업이 물건을 팔 때 상품 판매에만 국한되지 않고 독특한 서비스나 이벤트 등을 통해 상품을 직접 경험하게 만드는 마케팅 기법을 말한다. 기존에 상품은 핵심적인 기능이나 편익을 강조하는 마케팅 전략이 주류를 이루었다.

제품의 기능에 초점을 맞추어 고객을 합리적인 의사결정자로 간주하고 광고를 통해 구매의사 결정을 자극하는 마케팅 수단을 취해왔다. 하지만 원료의 동질화와 생산기술의 발달로 이제 고객들은 상품의 품질은 당연하고 엇비슷한 것으로 받아들이기 때문에 전통적인 마케팅 방식은 더 이상 통하지 않게 되었다. 이를 대체할 수 있는 수단이 체험 마케팅으로 고객들은 상품이나 서비스를 직접 사용해보고 의사결정하는 것을 선호하는 경향이 있다.

스타벅스의 체험 마케팅은 대표적인 성공 사례로 꼽힌다. 스타벅스는 단순히 커피만 팔지 않고 커피와 함께 이국적 분위기나 친절한 서비스, 재즈음악을 제공하는 사업으로 정의되곤 한다. 독특한 체험을 제공한다는 의미에서 스타벅스 매장마다 '체험experience'이라는 단어가 삽입된 슬로건을 내걸었다. 매일 마시는 원가 200원 정도의 커피를 자판기에서는 400원대에 팔고, 상점에서는 캔에 담은 커피를 1,000원대에 팔고, 일반 커피 전문점에서는 3,000원대 스타벅스처럼 고급 프랜차이즈 매장에서는 경험을 담아 훨씬 비싼 가격에 팔고 있다.

체험 마케팅은 소비자들의 수요에 맞춰 가르쳐서 파는 방식으로 발전하고 있다. 모델을 불러 놓고 체험 행사를 열기도 한다. 자동차 업체들은 여름 휴가철을 맞아 피서지에서 시승차를 운영하거나, 백화점과 골프 연습장 등 고객이 있는 곳이면 마다하지 않고 달려가 시승 기회를 제공하고 있다.

체험 마케팅은 기존 마케팅과는 달리 고객들의 감성을 자극하고, 경험을 창출하는데 관심이 많다. 고객은 단순히 제품의 특징이나 제품이 주는 이익을 나열하는 마케팅보다는 잊지 못할 체험이나 감성을 자극하고 마음을 움직이는 서비스를 기대한다. 제품생산 현장으로 고객을 초청하여 직접 보고, 느끼고, 만들어 볼 수 있도록 만드는 것이다. 매장에서 제조과정을 설명하면서 제품 이해와 구매를 유도하던 종전의 시연회와는 차원이 다르다.

기술과 산업이 발달하고, 예전의 독점적인 시장상황에서 현재는 동일한 제품과 서비스라 할지라도 적게는 수십 개 많게는 수백의 경쟁자가 존재하게 됨에 따라 더 이상 제품을 잘 만들고 가격이 저렴하다고 해서 잘 팔리던 시대는 끝났다. 그렇다면 이렇게 상품과 서비스들이 평준화된 시대에 소비자들이 원하는 것은 무엇인가라는 원초적 의문이 생길 수 있다. 그에 대한 해결책이 체험 마케팅이다.

기업이 만든 상품의 특징을 부각시키는 것도 중요하지만 그것이 남다른 체험을 줄 수 있는가의 여부가 소비자들의 구매를 이끌어 내는 가장 중요한 요소가 된다. 이를 위해 기업은 독특한 서비스, 지속적인 상품과 브랜드 이미지를 끌어 올려야 한다는 것이 체험 마케팅의 강점이다.

체험은 어떤 상황 속에서 소비자가 참여하면서 공감하게 만드는 일이다. 마케팅은 체험 마케팅을 중심으로 고객들에게 자사의 상품에 대해 무엇을 경험하게 할 것인가로 진화하고 있다. 체험 마케팅은 커뮤니티가 중요하다. 체험을 경험한 사람들의 모임이나 비슷한 속성을 가진 사람들이 상품을 구매할 확률이 높기 때문이다.

체험 마케팅은 좀 더 뛰어난 감각적 느낌과 감성적 느낌을 제공함으로써 고객의 사고와 생활양식, 소속감과 연대감에 소구해 고객을 창출하는 일이다. 소비를 통해 가치를 표현함으로써 자신과 사회, 또는 특정한 개인과의 유대감을 확인할 수 있어야 한다. 누군가 체험을 하고 그것을 알리지 못한다면 체험한 사람들만의 경험으로 끝날 것이다.

하지만 누군가의 체험에 대한 동영상이나 온라인에 올라온 글을 보았다면 잠재적 수요를 확보할 수 있다. 인플루언서나 유튜브, SNS 마케팅은 이러한 관점에서 효과가 있다. 최근의 고객들은 SNS를 통해 정보를 공유하는 것을 즐긴다. 먹음직스러운 음식을 촬영해 인스타그램에 올리기도 하고, 카카오나 밴드에도 지인들과 공유한다. 이것은 다시 다른 고객들에 전파돼 탐색되는 순환과정을 거치게 되는데 이것은 어떠한 광고보다도 큰 영향력을 미칠 수 있다.

우수고객 마케팅
전략화 방법

불황이 지속되면서 상위층의 고객을 겨냥하는 'VIP(우수고객) 마케팅'이 화두다. 국내 마케팅 전반에 걸쳐 가장 확실한 기법으로 각광받고 있다. '부익부빈익빈' 현상의 심화와 함께 사회적으로 신귀족 층이 형성되고 그들이 노는 물에 스포트라이트가 맞춰지면서 더욱 부각되고 있다. VIP 마케팅은 큰 틀에서 20퍼센트가 80퍼센트를 차지한다는 파레토 법칙에 기반하고 있다.

이처럼 VIP 마케팅이 화두로 떠오른 이유는 CRM의 발전과 긴밀한 관계가 있다. 말 그대로 우수고객을 겨냥한 마케팅 전략으로 기업에게 수익을 가져다주는 계층인 부유층에 대한 집중된 전략이다. 이들은 강력한 구매력을 지니고 있기 때문에 CRM에서 핵심 타깃에게 초점을 맞춤으로서 다른 부류의 고객보다도 큰 수익을 도모할 수 있다. 이를 반영하듯이 명품사는 기본이고 금융권이나 생활용품, 요식업 등으로 프리미엄 마케팅이 급격히 확산되고 있다.

파레토 법칙은 1897년 이탈리아 경제학자 빌프레도 파레토가 19세기 영국의 부와 소득 유형을 연구하다가 '전체 인구의 20퍼센트가 전체 부의 80퍼센트를 차지하고 있다'는 2080법칙을 발견하게 되면서 태동했다. 기업에서 고객을 구성하는 유형과 일맥상통한 의미를 가지고 있다. 상위 20퍼센트의 우수고객이 80퍼센트의 매출을 올려준다는 말이다.

VIP 마케팅을 간과해서 안 되는 이유에는 세 가지가 있다.

첫째 이유는 상위의 고객군이 매출의 대부분을 가져다주기 때문이다. 내 경험으로 홈쇼핑이나 금융권의 고객 데이터를 실제로 분석해보면 상위 20퍼센트고객이 매출의 80퍼센트에 근접한다. 이러한 2080법칙은 최근에 이르러서 상위 5퍼센트 고객이 매출의 30퍼센트를 차지한다는 '0530'이나, 상위 '1퍼센트'고객이 '20퍼센트'를 자지

한다는 '0120'으로 더욱 정교화 되고 있다.

둘째는 매출과 더불어 수익에 있어서도 상위 고객이 과반수를 차지하고 있기 때문이다. 앞에서도 도표에 나와 있듯이 상위 4퍼센트 고객이 수익의 29퍼센트를 차지한다. 실제로 K은행의 경우에 상위 8퍼센트가 수신의 73퍼센트를 차지하고 영업이익의 62.5퍼센트 마진을 차지하는 것으로 나타났다. 이러한 수치는 업계를 불문하고 대부분 유사하다.

셋째는 소득의 양극화와 함께 VIP 고객군의 시장성장 속도가 빠르다. 경기가 어려울수록 하위층 고객들의 삶이 어렵게 되고, 상위층 고객들은 경기에 덜 민감한 경향이 있다. 대한민국이 국민소득 3만 달러 시대에 진입했다는 의미는 프리미엄 마케팅에 집중해야 할 당위성을 입증하는 지표다. 이처럼 상위층 고객은 경기에 덜 민감하므로 기업들에게 안정적으로 수익을 가져다줄 수 있는 원척적 힘이다.

VIP 고객의 특징은 무엇일까? 이들의 속성을 제대로 파악하고 마케팅 현장에서 적용하는 것은 대단히 중요하다. 일반인들과 달리 이들은 정보력이 풍부하고, 사회적 현상에 깊은 호기심을 가지고 있다. 제품 자체보다 경험을 사는 것이 더욱 중요하고, 자신이나 가족의 건강에도 높은 관심을 가지고 있다. VIP들만의 커뮤니티 활동을 즐기면서 자녀 교육에 대한 높은 관심과 투자를 하고, 희소성이 있는 제품에 대해 높은 관심을 가진다. 특히 강한 자부심과 함께 자신이 느끼는 가치에 초점을 맞춘 소비 생활에도 주목할 필요가 있다.

이들에 대한 마케팅적 접근은 일반 고객들과 달라야 한다. 마케팅 원리는 같지만 이들의 욕구를 충족시켜줄 수 있는 방향으로 마케팅 프로그램을 특화할 필요가 있다. VIP 고객을 유치하기 위한 전략으로는 목표 고객군을 선정하는 작업부터 선행돼야 한다. 단순하게 돈이 많거나 부유하다는 개념을 넘어 목표 고객을 명확하게 한정시킬 필요가 있다. 이들은 특정한 상품이나 브랜드를 반복적으로 구매하는 비율이 높다.

목표 고객군을 선정하는 데 있어 오차를 최소화하기 위해서는 이들에 대한 성향을 면밀히 파악해야만 한다. 이들은 투자나 창업에 관심이 많고 자신의 분야에서 자수성가한 사람이 많아 자부심이 남달리 강하다. 자기중심적이며 자신만의 울타리와 네트워크를 보유한 것도 주요 고려 사항이다. 또한 직관력과 판단력이 우수해 일반인들과 다른 행보를 보이는 특성을 가지고 있다. 치열한 생존경쟁에서 살아남기 위해 끊임없이 자기계발을 게을리 하지 않는 것도 이들만의 특성이다.

우수 고객군을 발굴하기 위해서는 체계적인 조사와 데이터를 면밀하게 분석할 필요가 있다. 가공되지 않은 고객들의 데이터 속에서 일련의 숙련된 기법으로 시사점을 도출해야 한다. 프리미엄 고객을 발굴하기 위한 기법으로는 캠페인을 대대적으로 전개하는 방법이 있다. 특정한 타깃을 규정하고 이들의 동참을 이끌어내는 방식이다. 기존 VIP 고객의 인맥이나 소개를 통해 추천받는 것도 주요한 수단이 될 수 있다.

이들을 대상으로 마케팅을 전개할 때는 크게 유념할 것이 있다. 일반 고객군과는 달리 이들에게는 새로운 가치제안이 필요하다. 일반 상품과는 다른 차별화된 가치개발이 선행돼야 한다. 다시 말해 상품이 아니라 가치를 파는 것이 VIP 마케팅의 핵심으로 이들을 겨냥한 상품에는 신뢰성을 불어넣어야 한다. VIP 고객의 속성을 이해하고 그들을 충족시키기 위한 혜택을 최우선적으로 설계하라. 상품에 대한 호감도를 높이고, 상품이 제시하는 핵심적인 혜택을 신뢰에 기반을 두어야 한다.

VIP 고객들을 겨냥한 상품은 자긍심을 높여 주어야 한다. 이들은 남다른 자부심을 보유하고 있다. 이들에게 다가서기 위해서는 소유의 기쁨을 함께 팔아야 한다. 어디서나 구할 수 있는 대중적인 이미지가 아니라 가치의 희소성을 의미한다. 남들과 달리 특별하게 대접받고 싶은 그들의 욕망을 충족시키라는 말이다.

포스트 코로나 시대를 대비하는
마케터의 5가지 자세

비즈니스(마케팅)는 숫자라는 말이 있다. 나는 이 말을 50퍼센트 정도만 신뢰하고 있다. 경쟁이 치열한 시장 환경에서 참으로 중요한 것은 전략이지 숫자 자체가 아니란 말이다. 전략이 올바르고 명쾌하면 숫자는 자연스럽게 따라오기 마련이다. 그럼에도 마케팅이 매출이라는 숫자에 쫓기다보면 가격 할인이라는 과도한 프로모션을 진행하게 되고, 이것은 곧 브랜드 로열티 저하로 이어지게 된다. 숫자에 함몰되기 때문으로 이것은 지극히 영업 지향적인 논리다. 마케팅 지향적인 리더라면 맹목적인 숫자의 강요보다 방향성 있는 전략을 제시할 수 있어야만 한다. 이를 실행할 수 있는 구체적인 아이디어는 실무자 몫이다.

국내에는 의류 공장이 내일 당장 멈춰서도 30년 이상 전 국민이 입을 수 있는 재고가 충분하다고 한다. 왜, 그럴까? 출시할 당시에 브랜드 관리에 집중하다가 매출목표라는 숫자에 허덕이다가 가격 할인이라는 유혹을 떨쳐버리지 못하고 아웃렛 매장으로 전전하다가 자멸하는 브랜드를 쉽게 목격할 수 있다. 의류뿐만 아니라 시장에서 퇴출되는 대부분 브랜드가 이와 같은 절차를 밟는다. 모두가 치열한 경쟁 환경에서 전략이 아닌 단기적으로 가격 할인을 선택했기 때문이다.

전략이란 무엇일까? 자원을 최적화해 경쟁에서 승리할 수 있는 아이디어를 찾는 일이다. 전략적 대안은 무궁무진하고 지천에 널려 있지만 찾기가 힘들고, 만일 찾았다 하더라도 자사에 가장 적합한 수단과 방법, 시점, 재원의 효율성 등을 감안해 구사해야만 한다. 제대로 만든 전략이 실행되기 위해서는 리더의 역할이 참으로 중요하다. 조직 구성원들을 전략적 마인드로 육성하는 데 무엇보다 중요한 것은 리더의 솔선수범이다. 리더가 전략적이지 못한데 어떻게 부하 직원들이 전략적인 마인드로 무장할 수 있겠는가?

최근 코로나19가 우리들의 삶을 송두리째 뒤바꾸고 있는 가운데 많은 미래학자들이 포스트 코로나 시대를 다양한 각도에서 예측하고 있다. 코로나19 사태 이후에 인류는 정치나 경제, 사회, 문화 등에서 다양한 변혁에 직면할 것이다. 애석하게도 코로나라는 변수는 일시적인 현상이 아니라 이미 장기전으로 돌입했다. 그렇다면 마케팅 관점에서 포스트 코로나 시대를 어떻게 준비하고 대응해 나가야 할까?

첫째, 상품이나 서비스, 제품에 대한 브랜드 로열티의 중요성은 더욱 가중될 것이다. 비대면 상황이 증가하면서 고객은 신뢰할 수 있는 브랜드를 선호하고 과도한 가격 할인이나 신뢰성이 보증되지 않는 저가 상품은 지양할 가능성이 높다. 특히, 브랜드가 품질을 보증하는 전통적인 산업군의 상품은 브랜드 마케팅이 더욱 중요해졌다. 마케터들은 브랜드 로열티를 해치지 않으면서 팔릴 수 있는 프로모션 전략을 구사해야만 한다.

둘째, 온라인을 중심으로 유통 채널이 더욱 복합적으로 다변화할 것이다. 아직까지도 전통적인 오프라인 유통이 시장을 지배하는 것처럼 보이지만 코로나를 계기로 온라인으로 시장이 역전될 전망이다. 2015년 오프라인과 온라인의 매출 비중이 7:3에서 2019년에 6:4를 보였다. 그러나 이제 온라인이 오프라인을 추월할 것이다. 소비자들이 외출을 피하는 대신에 집안에서 생활하면서 각종 경제 활동을 즐기는 '홈코노미Home+Economy' 시장이 급부상했기 때문이다. 과거의 유통방식에서 탈피한 온라인 기반 채널 사업자가 급증하면서 유통 생태계가 급변할 것으로 예상된다. 따라서 마케터들은 자사 상품에 대한 유통 채널의 다변화 정책을 진지하게 고민해야만 한다.

셋째, 경쟁의 퓨전화와 맞물려 콜라보가 가속화될 것이다. 물론 이것은 코로나와 직접적으로 관련성이 적어 보일 수 있지만 서로 긴밀하게 연결돼 있다. 오프라인 활동이 위축되면서 스마트폰이나 모바일 기기의 중독 현상은 심화되고, 이러한 현상은 AI와 맞물려 ICT 기술의 발전을 급속도로 앞당길 것이다. 미래에는 IOT 기반의 스마트 가전과 모발일 기기의 급속한 발전에 따른 콜라보가 화두로 급부상할 것이다. 역량 있는 마케터라면 경쟁의 퓨전화를 자신이 담당하고 있는 상품과 연계해 고민하고 또 고민해야만 한다. 전략적인 콜라보를 통해 시장을 창출할 수 있는 기회가 이미 곳곳에 존재하고 있다.

넷째, 커뮤니케이션의 키워드로 '진정성'이 더욱 부각될 것이다. 다소 모호하게 들릴 수도 있지만 진정성이란 고객들에게 진솔하게 다가서는 전략이다. 대표적인 사례로 대림산업의 'e편한세상'을 들수 있다. 대부분 아파트 브랜드가 A급 모델을 내세워 그녀가 그곳에 사는 듯한 전형적인 이미지 광고에 집중한 반면에 'e편한세상'은 '진심을 짓는다'는 콘셉트로 일반인들을 내세워 진정성으로 대중들에게 큰 호응을 얻었다. 어설프게 인플루언서나 파워블로거 등을 고용해 홍보하던 시대는 끝났다. 똑똑해진 고객을 인정하고 진정성 있는 커뮤니케이션에 집중해야 한다.

마지막으로 디지털 마케팅을 최고의 화두로 던지고 싶다. 비대면 Untact이 하나의 메가 트렌드로 정착되면서 마케팅에서 가장 큰 이슈다. 디지털 마케팅을 전담할 조직을 신설하거나 기존 마케터들에게 디지털 역량을 대폭적으로 강화해야만 한다. 디지털 마케팅의 핵심인 스마트폰은 마케팅 환경을 완전히 뒤바꿔 놓았다. 진정성 있는 아이디어가 마케팅을 지배하게 된다.

블렌텍의 사례는 특별하다. 제품을 홍보할 방법을 고민하던 중소기업 마케터는 소비자들에게 응모 받은 아이템을 믹서기에서 갈아주는 독특한 아이디어를 떠올렸다. 이를 '갈아질까요?Will it blend?'라는 캠페인으로 발전시키면서 최고경영자가 직접 의외의 물건들을 갈면서 믹서기 성능을 홍보해나갔다.

이들은 구슬에서부터 스마트폰까지 종류를 가리지 않고 갈았고, 소문이 스마트폰을 통해 전 세계적으로 자연스럽게 퍼져나갔다. 그리고 마침내 작은 중소기업은 당당히 1위로 등극하기에 이르렀다. 지금처럼 스마트폰 세상에서 마케팅 재원이 없다는 항변은 이제 변명이 돼 버렸다. 진정성 있는 아이디어(전략)를 찾아라. 나머지는 고객들이 홍보해주는 디지털 세상이 이미 도래한 것이다.